Palliative und Spiritual Care

T V Z

Isabelle Noth, Claudia Kohli Reichenbach (Hg.)

Palliative und Spiritual Care

Aktuelle Perspektiven in Medizin und Theologie

T V Z

Theologischer Verlag Zürich

Bibliografische Informationen der Deutschen Nationalbibliothek
Die Deutsche Nationalbibliothek verzeichnet diese Publikation in der Deutschen
Nationalbibliografie; detaillierte bibliografische Daten sind im Internet über
http://dnb. d-nb. de abrufbar.

Umschlaggestaltung
Simone Ackermann, Zürich

Druck
Rosch Buch GmbH, Scheßlitz

ISBN 978-3-290-17761-4
© 2014 Theologischer Verlag Zürich
www.tvz-verlag.ch

Inhalt

Grusswort

Erstmals fand auf Einladung der Theologischen Fakultät der Universität Bern eine Tagung zum Thema Palliative und Spiritual Care statt. Ausgewiesene Fachpersonen aus Theologie, Medizin und Kirche suchten den Dialog und erörterten neue Standards für die Umsetzung von Palliative und Spiritual Care. Die vorliegende Veröffentlichung der Tagungsbeiträge ist eine Pionierleistung in der Schweiz: In interdisziplinärer Kooperation wird ein integrativer Ansatz der Behandlung, Betreuung und Begleitung von kranken und sterbenden Menschen verfolgt, der die Bedeutung der Spiritual Care in der Palliative Care beleuchtet. Dieser Meilenstein im akademischen Dialog zeigt eine gesellschaftliche Wende an, die seit dem Aufbau von palliative ch, der 1988 gegründeten Schweizerischen Gesellschaft für Palliative Medizin, Pflege und Begleitung, grosse Entwicklungen und beachtliche Erfolge im Gebiet der Palliative Care in der Schweiz hervorbrachte.

Im Jahre 2010 lancierte der Bund die Nationale Strategie Palliative Care. Sie konzentrierte sich in den ersten drei Jahren vor allem auf die medizinischen und pflegerischen Behandlungen. Im Zentrum standen die Entwicklung von Standards und Kriterien für die Umsetzung von Palliative Care in der Versorgung, Finanzierung, Sensibilisierung, Bildung und Forschung.

In der zweiten Phase rückte vermehrt auch die psychische, soziale und seelsorglich-spirituelle Unterstützung in der Palliative Care ins Blickfeld und genau hier setzen die folgenden Beiträge ein. Im Fokus sind u. a. divergierende Menschen- und Gottesbilder, Werte und Sinnbeschreibungen, die zu verschiedenen Auffassungen von Spiritualität, Religion und Glauben führen.

Der eingeschlagene Weg der interdisziplinären Zusammenarbeit von Medizin, Theologie und Kirche ist noch lang, aber er ist richtungsweisend und wird weiterführen in die Zusammenarbeit mit der Pflege- und Sozialwissenschaft, der Psychologie und weiteren beratenden und therapeutischen Disziplinen und deren Praxis. Auf diesem Weg werden Schätze der Forschung und der reflektierten Praxis verschiedener Disziplinen gehoben. Diese Zusammenarbeit verbindet Forschende und professionelle PraktikerInnen mit den Angehörigen und Freiwilligen, die sich für das gemeinsame Ziel der umfassenden Betreuung und Begleitung von Kranken und Sterbenden einsetzen.

Die folgenden Ausführungen aus theologischer, seelsorglicher und medizinischer Sicht laden dazu ein, voneinander zu lernen und sich miteinander für das körperliche und seelische Wohl von kranken und sterbenden Menschen einzusetzen, in gegenseitiger Anerkennung und Wertschätzung.

Gränichen im Februar 2014   *Dr. Karin Tschanz Cooke,*
Co-Vize Präsidentin palliative ch

Vorwort

Am 29. April 2013 fand unter dem Titel «Palliative und Spiritual Care. Medizinische und theologische Perspektiven» eine hochkarätig besetzte Tagung der Abteilung Seelsorge, Religionspsychologie und Religionspädagogik der Theologischen Fakultät der Universität Bern statt. Sowohl das Inselspital Bern als auch der Schweizerische Evangelische Kirchenbund (SEK) konnten zur Mitarbeit gewonnen werden. Unser besonderer Dank gilt dem Rektor der Universität Bern, *Prof. Dr. med. Martin Täuber*, für seine Begrüssung und Tagungseröffnung und dem Co-Leiter Seelsorge des Inselspitals Bern, *Pfr. Pascal Mösli*, der mit hohem Engagement und breitem Praxiswissen entscheidende Hinweise und fundierte Rückmeldungen gegeben hat. Gemeinsam mit dem ärztlichen Leiter Palliative Care des Inselspitals Bern, *PD Dr. med. Steffen Eychmüller*, vermochte er den Tagungsteilnehmenden interdisziplinäre Chancen und Risiken von Palliative und Spiritual Care – dargestellt anhand eines eigenen Beispiels – eindrücklich vor Augen zu führen. Danken möchten wir auch *Prof. Dr. theol. Frank Mathwig*, dessen kritischer Tagungsbeitrag Anlass zu intensiven Auseinandersetzungen wurde und den wir deshalb baten, uns einen weiteren themenspezifischen Aufsatz für die Publikation zur Verfügung zu stellen.

Ein grosser Gewinn war auch der Beitrag von *Dr. med. Lea Siegmann-Würth, MTh*, die als Spitalseelsorgerin arbeitet und als Medizinerin und Theologin zwei Disziplinen in ihrer Person verbindet. *Prof. Dr. med. Gian Domenico Borasio*, dessen 2011 erstmals publiziertes Buch *Über das Sterben* nun in 11. Auflage erschienen ist, erlaubte uns freundlicherweise, seinen Vortrag aufzunehmen und zu transkribieren. *Prof. Dr. theol. Manfred Belok* hat bereits 2012 eine Publikation zur Seelsorge in Palliative Care im Theologischen Verlag Zürich mitherausgegeben und erneut wichtige Perspektiven in das interdisziplinäre Gespräch eingebracht.

Schliesslich danken wir Frau Lisa Briner, Verlagsleiterin des Theologischen Verlags Zürich (TVZ), für das sorgfältige Lektorat und die erfreuliche Zusammenarbeit.

Bern, im Januar 2014   *Isabelle Noth,*
                                          Claudia Kohli Reichenbach

Spiritualität im Care-Bereich

Begriffsklärungen zu Palliative Care, Spiritual Care und Spiritualität

Claudia Kohli Reichenbach

2004 organisierte das Forum für Universität und Gesellschaft der Universität Bern ein Symposium zu Spiritualität und Wissenschaft. Im Geleitwort zum Tagungsband ist dokumentiert, dass man im Vorfeld mit der Frage gerungen hat, ob ein Thema wie Spiritualität in der Akademie überhaupt diskutiert werden solle und ob man sich als Forscherin, als Forscher nicht schlicht blamiere, wenn man sich einer solchen Thematik widme: «Spiritualität gehöre nicht in die Universität, widerspreche und entziehe sich aufgeklärter Argumentation, passe nicht zu einer der Rationalität verpflichteten Wissenschaft, füge sich nicht in die methodisch kontrollierbaren Erkenntnisprozesse, unterscheide sich aufs Gröbste in der Formulierfähigkeit, kurzum, man finde keine gemeinsame Sprache.»[1] Wenn eine ganze universitäre Tagung wie diejenige vom 29. April 2013 der Palliative bzw. Spiritual Care gewidmet ist und dazu medizinische und theologische Perspektiven aufeinander bezogen werden, so drängt sich die Frage auf: Wird hier «ein gefährliches Hexenbräu von Medizin und Spiritualität» produziert?[2] Und aus diesem Hexenbräu tauchen dann «Priester und Heiler» in einem auf, die sich – wie in einem Beitrag der Schweizerischen Ärztezeitung vom November 2012 bissig konstatiert wurde – mit Attributen wie «Ganzheitlichkeit» und «Spiritualität» schmücken, um das eigene Selbst zu idealisieren und sich selbst zu beweihräuchern?[3] Die kritischen Vorbehalte gegenüber einer akademischen Beschäftigung mit Spiritualität, die 2004 zum Symposium geäussert

---

[1] Rainer C. Schwinges, Geleitwort, in: Samuel Leutwyler/Markus Nägeli (Hg.), Spiritualität und Wissenschaft, Zürich 2005, 9–11, 10.

[2] So Eckhard Frick selbstkritisch in: Eckhard Frick, Spiritual Care – nur ein neues Wort? Lebendige Seelsorge 60, 2009/4, 233–236, 233. Frick zitiert hier R. J. Lawrences polemische Überschrift «The witches' brew of spirituality and medicine».

[3] Vgl. Erhard Taverna, Mehrwert «Spiritualität», Schweizerische Ärztezeitung 93, 2012/45, 1678.

wurden, werden durch solche aktuellen Einschätzungen aus der Praxis nochmals verschärft.

Im folgenden Beitrag wird noch nicht stark gebraut. Vorerst geht es um eine nüchterne Klärung der Begrifflichkeiten: Was ist Palliative Care, was ist Spiritual Care, wie lässt sich Spiritualität konzeptualisieren.

1. Palliative Care

Am 29. Juni 1982 hält der schwerkranke Peter Noll, dessen Tagebuchnotizen postum als *Diktate über Sterben und Tod* publiziert wurden, fest:

> «Seit Mittag starke Schmerzen, an der Grenze des Erträglichen. Die Mittel nützen nichts, auch die neuen, die mir Christoph geschickt hat. Nur ganz langsam, gegen Abend, geht der Schmerz zurück.
>
> Freude hat ihren Sinn in sich selbst; Schmerz muss ihn aus einem Zweck beziehen: Schmerz als Warnsymptom, das ist die einfachste, medizinische Erklärung; Leiden für eine Sache. Vielleicht gibt es doch auch Schmerz als Selbstwert. Ich weiss es nicht, habe Mühe daran zu glauben, obwohl doch der Schmerz fast mehr zum Alltag und zur menschlichen Existenz gehört als Freude.
>
> Zingg sagte mir, für ihn sei der Tod immer nur der Gegner, nichts anderes. Jeder muss so sprechen, wenn es um den Tod des anderen geht, besonders der Arzt. Zum eigenen Tod aber kann man ein neutraleres Verhältnis gewinnen.»[4]

In Nolls Text wird deutlich, was empirische Untersuchungen unterdessen bestätigt haben:[5] Im Sterbeprozess bekommen Fragen nach dem Sinn des Lebens und nach der Transzendenz eine besondere Bedeutung. Das «Warum», «Woher» und «Wohin» der menschlichen Existenz rücken nochmals anders in den Fokus. Auch verändern sich bei unheilbar kranken Menschen die medizinischen Perspektiven. Nicht mehr primär kurative Bemühungen stehen im Zentrum, sondern beispielsweise schmerzlindernde. Gerade die Situation am Lebensende fordert dazu heraus, Krankheitskonzepte neu zu fassen und als Ziel nicht «ausschliesslich Hei-

---

[4]   Peter Noll, Diktate über Sterben und Tod. Mit der Totenrede von Max Frisch, Zürich 1999 ([1]1984), 229f.

[5]   Vgl. Gian Domenico Borasio, Spiritualität in Palliativmedizin/Palliative Care, in: Eckhard Frick/Traugott Roser (Hg.), Spiritualität und Medizin. Gemeinsame Sorge für den kranken Menschen, Stuttgart [2]2011 ([1]2009), 112–118, 115.

lung als Beseitigung der Erkrankung, sondern die Ermöglichung eines als subjektiv sinnvoll erfahrenen Lebens» festzulegen.[6]

Bestrebungen in der sogenannten Palliative Care folgen diesem Paradigma. Die Nationalen Leitlinien Palliative Care vom Bundesamt für Gesundheit und der Schweizerischen Konferenz der kantonalen Gesundheitsdirektorinnen und -direktoren definieren Palliative Care wie folgt:

> «Die Palliative Care umfasst die Betreuung und die Behandlung von Menschen mit unheilbaren, lebensbedrohlichen und/oder chronisch fortschreitenden Krankheiten. Sie wird vorausschauend mit einbezogen, ihr Schwerpunkt liegt aber in der Zeit, in der die Kuration der Krankheit als nicht mehr möglich erachtet wird und kein primäres Ziel mehr darstellt. Patientinnen und Patienten wird eine ihrer Situation angepasste optimale Lebensqualität bis zum Tode gewährleistet und die nahestehenden Bezugspersonen werden angemessen unterstützt. Die Palliative Care beugt Leiden und Komplikationen vor. Sie schliesst medizinische Behandlungen, pflegerische Interventionen sowie psychologische, soziale und spirituelle Unterstützung mit ein.»[7]

Unterschieden wird zwischen einer palliativen Grundversorgung, die beispielsweise von Hausärztinnen, externen Pflegepersonen, in Altersheimen oder im stationären Akutbereich in Spitälern geleistet wird, und einer spezialisierten Palliative Care mit mobilen (also spitalexternen) bzw. spitalintern stationären und ambulanten Angeboten.

Neben pflegerischer und ärztlicher Versorgung gehört auch die psychologische, soziale und spirituelle Begleitung grundlegend zum Gesamtkonzept von Palliative Care. Das wird auch in der WHO-Definition von 2002 deutlich. Die inhaltlichen Punkte entsprechen denjenigen der Nationalen Leitlinien Palliative Care, 2010:

> «Palliative care is an approach that improves the quality of life of patients and their families facing the problem associated with life-threatening illness, through the prevention and relief of suffering by means of early identification and

---

[6]   Traugott Roser, Innovation *Spiritual Care*. Eine praktisch-theologische Perspektive, in: Frick/ders., Spiritualität und Medizin, 45–55, 47.

[7]   Bundesamt für Gesundheit (BAG)/Schweizerische Konferenz der kantonalen Gesundheitsdirektorinnen und -direktoren (GDK), Nationale Leitlinien Palliative Care, Bern 2010, 8 (www.bag.admin.ch/themen/medizin/06082/13915/index.html?lang=de, Zugriff am 17.05.2013).

impeccable assessment and treatment of pain and other problems, physical,
psychosocial and spiritual.»[8]

Die vier Dimensionen einer ganzheitlichen Betreuung greifen ineinander
und interagieren miteinander. Diese Einsicht führte dazu, in Palliative-
Care-Konzepten ein traditionell biomedizinisches Modell durch einen
sogenannten biopsychosozial-spirituellen Ansatz abzulösen.

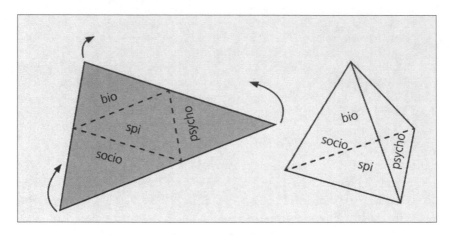

Abb. 1: Die vier Dimensionen eines biopsychosozial-spirituellen Ansatzes (Quelle: Bigorio 2008, Empfehlungen zu Palliative Care und Spiritualität, 2, www.palliative.ch)

Dass diese Erweiterung insbesondere in der Palliative Care vorangetrie-
ben wurde, ist kein Zufall. Ein Medizinsystem, dessen primäre Unterscheidung zwischen «gesund» und «krank» erfolgt, steht in der Palliativmedizin vor grundlegenden Herausforderungen. In Anbetracht der Tatsache, dass es hier aussichtslos geworden ist, körperliche «Gesundheit» als
oberstes Ziel festzusetzen, gewinnen neben medizinischen Behandlungen
begleitende Angebote, die nicht nur somatische, sondern auch psychische, soziale und spirituelle Bedürfnisse im Blick haben, an Bedeutung.
Sie werden sowohl direkt Betroffenen als auch ihren Angehörigen zur
Verfügung gestellt.

---

[8]   WHO Definition of Palliative Care (www.who.int/cancer/palliative/definition/en,
       Zugriff am 17.05.2013).

In den letzten Jahren wurden die Erkenntnisse, die in der Palliative Care gewonnen werden konnten, auf andere Versorgungsbereiche übertragen; dabei hat sich ein neues Care-Verständnis etabliert.

2. Spiritual Care

Ursprünglicher «Sitz im Leben» von Spiritual Care ist also die Palliativpflege. Nicht die Seelsorgediskussion innerhalb der christlichen praktischen Theologie hat Spiritual Care stark gemacht; vielmehr wurde Spiritual Care «durch ein spezielles Setting im medizinischen Care-Bereich begründet, entwickelt und eingefordert».[9] Während die Palliative Care mit offiziellen Definitionen wie derjenigen der WHO von 2002 beschrieben werden kann, ist dies bei Spiritual Care nicht in gleichem Masse möglich. Ein 2013 publizierter Beitrag in der Schweizerischen Ärztezeitung bringt die Situation auf den Punkt: «Für Spiritual Care gibt es inzwischen in München einen Lehrstuhl, aber noch keine klare Definition.»[10] Zwar kursieren keine offiziellen Definitionen, doch die Beschreibung der 2010 am Klinikum der Universität München eingerichteten Professur gibt einen guten Einblick in das, was Spiritual Care charakterisiert:[11]

- – (1) Die Professur ist am interdisziplinären Zentrum für Palliativmedizin angeschlossen, sie wird gegenwärtig gemeinsam besetzt von einem Arzt und einem Theologen.
- – (2) Die Aufstellung der Professur bildet ab, was für Spiritual Care insgesamt gilt: Sie geschieht in interdisziplinärer Verantwortung. Betreuungsteams sind vielfältig zusammengesetzt, Behandlungsstrategien werden multiprofessionell vereinbart, Teamsitzungen finden in breiter Zusammensetzung statt: Ärzte, Pflegepersonal, Seelsorgerinnen, Ergotherapeuten, Sozialarbeiterinnen etc. bringen – idealerweise – ihre Perspektiven ein.

---

[9] Martina Holder-Franz, «… dass du bis zuletzt leben kannst.» Spiritualität und Spiritual Care bei Cicely Saunders, Zürich 2012, 27.

[10] Priska Bützberger Zimmerli/Sabine Weidert/Beat Müller, Präsenzcharakter von Krankheit und Spiritual Care, Schweizerische Ärztezeitung 94, 2013/4, 125f., 125.

[11] Vgl. www.klinikum.uni-muenchen.de/Klinik-und-Poliklinik-fuer-Palliativmedizin/de/ professur-fuer-spiritual-care/ueber-die-professur/ziele/index.html (Zugriff am 17.05.2013).

- (3) Grundlegend für das durch die Professur vertretene Verständnis von Spiritual Care ist die WHO-Definition von Palliative Care. Damit sind die bereits erwähnten vier Dimensionen eines biopsychosozialen-spirituellen Ansatzes im Blick.[12]
- (4) Spiritual Care, so weiter in der Beschreibung der Professur, fokussiert nicht nur auf Palliativsituationen, sondern richtet sich auch z. B. an chronisch erkrankte Menschen, die mit grundlegenden Sinnfragen konfrontiert sind.
- (5) Spiritual Care geschieht in multireligiöser Perspektive. Sie orientiert sich nicht primär an spezifischen religiösen Richtungen, sondern nimmt «die individuelle Situation eines jeden kranken Menschen» in den Blick.
- (6) Als Aufgabe der Professur wird festgehalten, «Spiritualität als potenzielle Ressource in der Krankheitsverarbeitung weiter zu erschliessen im Zusammenwirken der verschiedenen Berufsgruppen.»

Grundüberzeugung von Spiritual Care ist also, dass Spiritualität eine wichtige Ressource für den Umgang mit Krankheit und somit ein wichtiger Resilienz- und Copingfaktor sein kann.

Umgekehrt – so die These – verschärft die Nichtbeachtung der spirituellen Dimension die Krankheitssituation. Eine Sonderpublikation des British Medical Journal (BMJ) 2010 hat diese These erhärtet:[13] Werden spirituelle Bedürfnisse nicht beachtet, verstärkt sich die innere Not, körperliche und emotionale Symptome nehmen zu und die Krankheitssituation insgesamt verschlimmert sich.

Darum zielt Spiritual Care darauf ab, Spiritualität grundlegend in Behandlungskonzepten zu integrieren, zum Beispiel durch die Integration der spirituellen Dimension in der Anamnese durch die Ärztin, das Pflegepersonal oder den Seelsorger. Unterdessen gibt es verschiedene Evalua-

---

[12] Für die Beschreibung des vierdimensionalen Ansatzes wird oft der Begriff «ganzheitlich» beigezogen, vgl. exemplarisch folgenden Publikationstitel in einer der renommiertesten medizinischen Zeitschriften: Jay M. Milstein, Introducing Spirituality in Medical Care. Transition from Hopelessness to Wholeness, Journal of the American medical Association (JAMA) 299, 2008/20, 2440f.

[13] Vgl. Liz Grant/Scott A. Murray/Aziz Sheikh, Spiritual Dimensions of Dying in Pluralist Societies, in: Palliative Care Beyond Cancer, BMJ 341, 2010, 643–662, 659–662.

tionsinstrumente; gut bekannt ist der von Eckhard Frick entwickelte Fragekatalog SPIR. Folgende Fragen dienen der Orientierung:

- «Spiritualität und Glaubens-Überzeugungen: Würden Sie sich in weitestem Sinn als gläubigen Menschen/als spirituellen oder religiösen Menschen betrachten?
- Platz und Einfluss, den diese Überzeugungen im Leben des Patienten/der Patientin und in der Krankheitsverarbeitung einnehmen
- Integration in eine spirituelle, religiöse, kirchliche Gemeinschaft/ Gruppe
- Rolle des Arztes: Wie soll ich als Ihr Arzt/Ihre Ärztin/Krankenschwester/Ihr Therapeut ... mit diesen Fragen umgehen?»[14]

Traugott Roser, der bis im Frühling 2013 als evangelischer Theologe die Professur gemeinsam mit dem Jesuiten und Arzt Eckhard Frick innehatte, ist überzeugt, dass mit diesem Ansatz «enthumanisierenden Tendenzen des medizinisch-klinischen Apparats»[15] entgegengewirkt werden könne. Er formuliert: «Die explizite Berücksichtigung von spirituellen Aspekten in der Betreuung von Patienten und ihren Angehörigen entspricht einer Relativierung des Hoheitsanspruchs der Medizin durch andere Formen von Berufswissen.»[16]

3. Spiritualität

Schliesslich steht noch die Begriffsklärung einer Dimension aus, die in beiden bereits vorgestellten Konzepten vorausgesetzt ist: Spiritualität. In der Abbildung des biopsychosozial-spirituellen Ansatzes wird sie als vierte Dimension eingeführt (vgl. Abb. 1). Erläuternd steht in den 2008 veröffentlichten Empfehlungen zu Palliative Care und Spiritualität von palliative.ch dazu: «Vorschlag für ein vierteiliges Modell, das von einer ‹horizontalen› Sicht des Menschen zu einer Sicht mit einer ‹vertikalen› Dimension wechselt und damit im Herzen einer Person einen Beziehungs-

---

[14] Frick, Spiritual Care, 234.
[15] Roser, Innovation, 53.
[16] Ebd., 52. Ob gegenwärtige Medizinkonzepte wirklich so eindimensional sind, wie bisweilen in der Literatur zu Spiritual Care suggeriert wird, müsste nun allerdings diskutiert werden.

raum eröffnet.»[17] Die Beachtung der Spiritualität führt also dazu, dass ein «Beziehungsraum» geschaffen wird; Spiritualität hat etwas mit einem Raum im Innern des Menschen zu tun. Ich füge eine zweite Beschreibung von Spiritualität an. Es ist die Definition des Arbeitskreises Spirituelle Begleitung der Deutschen Gesellschaft für Palliativmedizin:

> «Unter Spiritualität kann die innere Einstellung, der innere Geist wie auch das persönliche Suchen nach Sinngebung eines Menschen verstanden werden, mit dem er Erfahrungen des Lebens und insbesondere auch existentiellen Bedrohungen zu begegnen versucht.»[18]

Nun könnten unzählige weitere Definitionen und Beschreibungen von Spiritualität angehängt werden. Die Verwendung des Begriffs ist äusserst heterogen, nicht nur in Publikationen zu Palliative und Spiritual Care. In diversen Kontexten wird Spiritualität allerlei Bedeutung zugeschrieben, was Bernhard Grom zur Bemerkung veranlasst hat, der Begriff habe sich «in der angelsächsischen wie auch in der deutschsprachigen Welt so epidemisch verbreitet, dass er bei manchen bereits ein ähnliches Unbehagen auslöst wie ein Politiker mit pausenloser Medienpräsenz.»[19]

Strittig ist vor allem, welche Funktion der Begriff übernimmt. Wie verhält er sich beispielsweise zum Begriff Religion. Meint der Begriff Spiritualität dasselbe wie der Begriff Religion oder eben gerade nicht? In einer breit angelegten deutsch-amerikanischen Studie des Bielefelder Research Center for Biographical Studies in Contemporary Religion um Projektleiter Heinz Streib wurden nicht nur – wie sonst in diversen Studien – spirituelle bzw. religiöse Selbsteinschätzungen abgefragt, sondern wissenschaftlich untersucht, was Menschen «Spiritualität» bzw. «Religion» zuschreiben. Das Datenmaterial der mehr als 1800 ProbandInnen, das in den Jahren 2010/2011 erhoben wurde, sollte u. a. «Informationen über die Semantik, über die funktionalen Merkmale und psychologi-

---

[17] Bigorio 2008, Empfehlungen zu Palliative Care und Spiritualität, 2 (www.palliative.ch/ fileadmin/user_upload/palliative/fachwelt/E_Standards/E_12_1_bigorio_2008_Spiri tualitaet_de.pdf, Zugriff am 17.05.2013).

[18] Zitiert nach Simon Peng-Keller, Spiritualität im Kontext moderner Medizin, in: Manfred Belok/Urs Länzlinger/Hanspeter Schmitt (Hg.), Seelsorge in Palliative Care, Zürich 2012, 87–97, 88.

[19] Bernhard Grom, Spiritualität – die Karriere eines Begriffs. Eine religionspsychologische Perspektive, in: Frick/Roser, Spiritualität und Medizin, 12–17, 14.

schen Korrelate» der beiden Konzepte freilegen.[20] Stefan Altmeyer von
der Universität Bonn hat das reiche Datenmaterial mit einer linguisti-
schen Korpusanalyse weiter analysiert und Schlüsselwörter identifiziert,
indem er den Forschungskorpus mit einem Referenzkorpus verglich.[21]
Die Schlüsselwörter, mit denen «Spiritualität» bzw. «Religion» bezeichnet
werden, sind in den folgenden Wortwolken abgebildet, wobei die verschiedenen Schriftgrössen einzelner Begriffe anzeigen, wie oft auf diese
zur Beschreibung im Vergleich zurückgegriffen wird.

Abb. 2: Profile von «Religion» und «Spiritualität» im Vergleich (Quelle: Altmeyer, Spiritualität und spirituelles Lernen, in: Kohli Reichenbach/Noth (Hg.), Religiöse Erwachsenenbildung, Zürich 2013, 91)

Die Unterschiede sind deutlich: «Religion» wird mit Regeln, Kirche,
Glaubensgemeinschaft, Dogmen, Tradition etc. assoziiert – Institution

—

[20] www.uni-bielefeld.de/%28en%29/theologie/forschung/religionsforschung/forschung/
      streib/spiritualitaet/index.html (Zugriff am 17.05.2013).
[21] Vgl. www.uni-bielefeld.de/%28de%29/theologie/forschung/religionsforschung/for
      schung/streib/spiritualitaet/corpusanalysis.html (Zugriff am 17.05.2013); vgl. auch
      Stefan Altmeyer, Spiritualität und spirituelles Lernen in der religiösen Erwachsenen-
      bildung, in: Claudia Kohli Reichenbach/Isabelle Noth (Hg.), Religiöse Erwachsenen-
      bildung. Zugänge – Herausforderungen – Perspektiven, Zürich 2013, 83–97, 88–92.

und Inhalte werden betont, «Spiritualität» hingegen mit Geist, Meditation, Natur, Verbundenheit, Suche, Einklang etc. – hier stehen die Erfahrung und das innere Erleben im Zentrum. Offensichtlich eignet sich
gegenwärtig das Wort Spiritualität ausgezeichnet dafür, das Individuelle,
Ureigene, Unverlierbare des Menschen auszudrücken.

Unterschiedliche Stränge der Bedeutungszuschreibung lassen sich allerdings nicht nur in einer derzeitigen Gegenüberstellung zwischen «Religion» und «Spiritualität» orten, sondern im Begriff «Spiritualität» selbst,
wird dessen Traditionsgeschichte berücksichtigt. Historisch lassen sich
zwei Traditionslinien feststellen: eine romanische und eine angelsächsische. Die romanische Traditionslinie mit der Eindeutschung des franzö-
sischen *spiritualité* bildete sich innerhalb der katholischen Ordenstheologie aus. Sie beschäftigt sich mit einem Leben aus dem Geist Gottes. Damit ist die persönliche Beziehung des Menschen zu Gott bezeichnet, die
sich in geprägten Praxisformen vollzieht, und zwar in enger Verbindung
zur Lehre der Kirche. *Spiritualité* in diesem Sinn ruft ähnliche Konnotationen hervor wie das Wort Frömmigkeit im Deutschen. In der angelsächsischen Tradition wird *spirituality* breiter verstanden und enthält
eine transreligiöse Färbung. 1893 beispielsweise wurde im Weltparla-
ment der Religionen in Chicago *spirituality* mit der Toleranzidee verbunden und das unmittelbare Erleben anstelle von Ritual, Institution
und Reflexion betont. *Spirituality* wird gleichsam als menschliche Fähigkeit verstanden, Transzendenz persönlich, unmittelbar zu erfahren.[22]

Beide Traditionslinien des Spiritualitätsbegriffs zeichnen sich dadurch
aus, dass sie das Individuum und seine religiöse Erfahrung achten. Sie
unterscheiden sich vor allem darin, dass sie die Bezugnahme auf religiöse
Traditionen verschieden gewichten. Während sich die französische Linie
enger an eine bestimmte religiöse Tradition anlehnt und Spiritualität als
wahrnehmbare Seite christlicher Religiosität versteht, ist die angelsächsische ungebundener – sie bewegt sich zwischen Traditionen, hängt sich
bisweilen an eine an, um dann aber auch wieder Elemente anderer religiöser Traditionen zu integrieren; manchmal löst sie sich auch ganz von
religiösen Systemen, beispielsweise als atheistische Spiritualität.

Es liesse sich unschwer aufweisen, dass in Diskursen zu Palliative bzw.
Spiritual Care eine offene Verwendung des Spiritualitätsbegriffs und

---

[22] Vgl. dazu ausführlicher Simon Peng-Keller, Einführung in die Theologie der Spiritualität, Darmstadt 2010, 9–15.

damit die angelsächsische Linie dominiert. Viele vermuten in einer schwebenden Offenheit, im diffusen Charakter des «Hoffnungswortes» Spiritualität dessen Potenzial, weil es über Konfessions- und Religions-grenzen hinweg für verschiedene Weltanschauungen anschlussfähig wird. Auf der anderen Seite gibt es aber auch FachvertreterInnen, die genau in der Breite des Spiritualitätsbegriffs Gefahren orten.

Zu ersteren gehört Traugott Roser, Praktischer Theologe der Univer-sität Münster und vorgängig Lehrstuhlinhaber der bereits erwähnten Professur für Spiritual Care in München. Gerade im Gesundheitswesen scheint ihm die begriffliche Unschärfe wegen der damit einhergehenden Unverfügbarkeit wichtig. Gemäss Roser übernimmt ein offener Spiritua-litätsbegriff eine doppelte Schutzfunktion: Er steht im Dienst der «Wah-rung der Freiheit des Individuums, und zwar vor dem Zugriff sowohl durch bestimmte Religion und Religionsgemeinschaften» als auch durch die Maschinerie des Gesundheitswesens.[23] Schutz vor der Religionsge-meinschaft sei dann zentral, wenn diese «moralisch umstrittene medizini-sche und pflegerische Massnahmen» vorgebe – zu denken sei beispielsweise an lebensverlängernde Massnahmen.[24] Zugunsten einer individuellen Spiritualität gelte es die mit überindividuellen Ansprüchen auftretende Religiosität in ihre Schranken zu weisen. Weiter betont Roser, dass die Vagheit des Begriffs davor schütze, dass Spiritualität im Blick auf thera-peutische Massnahmen funktionalisiert werde. Er verweist auf Ansätze, wo man versucht hat, eine «eindeutige, generalisierbare Spiritualität zu instrumentalisieren»,[25] zum Beispiel in Studien, wo die Wirkung von Fürbittegebeten hinsichtlich der Gesundungsrate von PatientInnen un-tersucht wurde. Nur eine eindeutige, messbare Grösse lasse sich so nut-zen und gemäss Roser missbrauchen. Ein vages Verständnis sei dieser Gefahr viel weniger ausgesetzt.

Insgesamt werde, so Roser, mit einem offenen Spiritualitätsbegriff die individuelle Freiheit der Patientin und des Patienten besser gewährleistet.

Isolde Karle, Praktische Theologin in Bochum, gibt Roser in einigen Punkten Recht. Gleichwohl reibt sie sich an der Einseitigkeit, mit der

---

[23] Roser, Innovation, 53.
[24] Traugott Roser, Spiritualität und Gesundheit. Überlegungen zur Bedeutung eines unbestimmbaren Begriffs im interdisziplinären Diskurs, in: Ralph Kunz/Claudia Kohli Reichenbach, Spiritualität im Diskurs. Spiritualitätsforschung in theologischer Perspektive, Zürich 2012, 227–240, 238.
[25] Ebd., 237.

Roser die Chancen der Unschärfe betone. Insbesondere in der seelsorglichen Kommunikation führe ein so offener Spiritualitätsbegriff dazu, dass
religiöse Sprache entkonkretisiert und inhaltlich entleert werde. «Und
das ist für die Seelsorge ein sehr empfindlicher Verlust», konstatiert
Karle. «Seelsorge lebt wie religiöse Kommunikation überhaupt von der
‹markanten Physiognomie› einer kontingent gegebenen Religion [...].
Religion ist in ihrer historisch gewachsenen Gestalt immer auf konkrete
Inhalte, Rituale und Sozialformen bezogen und kommunikativ verfasst.
Wird Religion abstrakt und vage definiert, wird sie entkörperlicht und
entsinnlicht, formalisiert und schematisiert.»[26] Karle betont, wie sehr die
Fremdheit religiöser Sprache – einer Sprache also, die nicht einfach vage
ist, sondern sich auf konkrete Inhalte, Rituale, Sozialformen bezieht –
eine eigene Kraft und Widerständigkeit habe. Ihr wohnt das Potenzial
inne, Geformtes der Tradition zur Verfügung zu stellen und dabei Perspektiven für die eigene Gegenwart und Zukunft zu eröffnen. Weil Karle
darauf auf keinen Fall verzichten will, formuliert sie kritische Anfragen
an Spiritual Care-Konzepte, welche die spirituelle Dimension in einem
säkularen und weltanschaulich neutralen Setting integrieren wollen und
dabei in Gefahr stehen, diese Dimension zu verflachen.

Geht es darum, Spiritualität im Kontext von Palliative und Spiritual
Care zu bestimmen und zu konzeptualisieren, so müssen m. E. beide Erwägungen, die je für sich überzeugen, einbezogen werden. Je nach
Situation dürfte es angebracht sein, mit einem offenen Spiritualitätsverständnis zu operieren; aber die Kraft der fremden, widerständigen religiösen Sprache will nicht vergessen sein. Im Gegenteil – sie ist die besondere
Perspektive von Seelsorgenden, die in einer religiösen Tradition beheimatet sind. Respekt vor der Person wird entscheiden, welche Rede wann
angemessen ist. Der Pionierin der Palliative Care Cicely Saunders gehört
das letzte Wort:

> «The only proper response to a person is respect; a way of seeing and listening to
> each one in the whole context of their culture and relationship, thereby giving
> each his or her intrinsic value.»[27]

---

[26] Isolde Karle, Perspektiven der Krankenhausseelsorge. Eine Auseinandersetzung mit
    dem Konzept des *Spiritual Care*, Wege zum Menschen 62, 2010, 537–555, 552.
[27] Cicely Saunders, Watch with Me. Inspiration for a Life in Hospice Care, Lancaster
    2003, 35, zitiert nach Holder-Franz, «... dass du bis zuletzt leben kannst.», 105.

Worum sorgt sich Spiritual Care?

Bemerkungen und Anfragen aus theologisch-ethischer Sicht

Frank Mathwig

«Ich war krank, und ihr habt euch meiner angenommen.»

Mt 25,36

«‹Bis hierher hat uns
Gott gebracht in
seiner grossen
Güte› – vielleicht sollte
mal jemand dem Chor
im Haus-Sender stecken,
dass er vor Krankenhausinsassen singt.»

Robert Gernhardt[1]

1. Sorgenvoll – Zur Karriere eines Begriffs

Die 2010 vom Bundesamt für Gesundheit und der Schweizerischen Konferenz der kantonalen Gesundheitsdirektorinnen und -direktoren publizierten Nationalen Richtlinien Palliative Care halten fest: «Die Palliative Care umfasst die Betreuung und die Behandlung von Menschen mit unheilbaren, lebensbedrohlichen und/oder chronisch fortschreitenden Krankheiten. […] Sie schliesst medizinische Behandlungen, pflegerische Interventionen sowie psychologische, soziale und spirituelle Unterstützung mit ein.»[2] In den anschliessenden Erklärungen wird ausgeführt: «Die spirituelle Begleitung leistet einen Beitrag zur Förderung der subjektiven Lebensqualität und zur Wahrung der Personenwürde angesichts

---

[1]   Robert Gernhardt, Sonntagmorgenandacht, in: ders., Gedichte 1954–1997, vermehrte Neuausg., Zürich 1999, 634.

[2]   Bundesamt für Gesundheit (BAG)/Schweizerische Konferenz der kantonalen Gesundheitsdirektorinnen und -direktoren (GDK), Nationale Leitlinien Palliative Care, Bern 2010, 8 (www. (www.bag.admin.ch/themen/medizin/06082/13915/index.html? lang=de, Zugriff am 26.04.2013).

von Krankheit, Leiden und Tod. Dazu begleitet sie die Menschen in ihren existenziellen, spirituellen und religiösen Bedürfnissen auf der Suche nach Lebenssinn, Lebensdeutung und Lebensvergewisserung sowie bei der Krisenbewältigung. Sie tut dies in einer Art, die auf die Biografie und das persönliche Werte- und Glaubenssystem Bezug nimmt. Dies setzt voraus, dass die existenziellen, spirituellen und religiösen Bedürfnisse der Beteiligten erfasst werden.»[3]

Es verwundert nicht, dass die seit einigen Jahren kontrovers debattierte «Rückkehr des Religiösen» (Detlef Pollack) oder «Wiederkehr der Götter» (Friedrich Wilhelm Graf) auch vor der Medizin nicht halt macht. Wenn es so etwas wie eine Renaissance religiöser Bedürfnisse gibt, dann brechen sie doch am ehesten und selbstverständlichsten in Situationen auf, in denen ein Mensch seine aktiven Möglichkeiten und Fähigkeiten, seine Autonomie und Souveränität und schliesslich seine gesamte Existenz als gefährdet erlebt. Von der engen Korrelation zwischen gesellschaftlichen oder persönlichen Krisenerfahrungen und religiösen Bedürfnissen weiss bereits das alte Sprichwort: «Not lehrt beten». Tatsächlich liegt mancher Forderung nach spiritueller Begleitung am Lebensende ein solcher Zusammenhang zugrunde, wie das Grundlagenpapier des Arbeitskreises Spirituelle Begleitung der Deutschen Gesellschaft für Palliativmedizin zeigt: «Unter Spiritualität kann die innere Einstellung, der innere Geist wie auch das persönliche Suchen nach Sinngebung eines Menschen verstanden werden, mit dem er Erfahrungen des Lebens und insbesondere auch existenziellen Bedrohungen zu begegnen versucht.»[4] Der existenziellen Bedrohung Sinn geben – das klingt so, als schreibe Spiritual Care *Die Zukunft einer Illusion* fort, indem ihr die ehemals den Göttern obliegende Aufgabe zugewiesen wird, «die Schrecken der Natur zu bannen, mit der Grausamkeit des Schicksals, besonders wie es sich im Tode zeigt, zu versöhnen und für die Leiden und Entbehrungen zu entschädigen, die dem Menschen durch das kulturelle Zusammenleben auferlegt werden».[5]

---

3   BAG/GDK, Nationale Leitlinien, 14.
4   Arbeitskreis Spirituelle Begleitung der Deutschen Gesellschaft für Palliativmedizin, Spirituelle Begleitung in der Palliativversorgung vom 10. Mai 2007 (www.palliativ medizin.de/pdf/sektionen/sektion-spirituelle-begleitung.pdf, Zugriff am 26.04.2013).
5   Sigmund Freud, Die Zukunft einer Illusion, in: ders., Studienausgabe, Bd. IX, Frankfurt/M. 1982, 135–189, 152.

Das ist – zugegeben – eine sehr kritische Lesart, die allerdings eine kulturelle Tradition auf ihrer Seite hat, in die wir uns zu Recht und nicht ohne Stolz einreihen: die vehemente aufklärerische Kritik an den Begründungsversuchen des göttlichen «Okay!» zu den Übeln in der Welt – allen voran in Voltaires beissender Kritik an der Leibniz'schen Theodizee in seiner Novelle *Candide oder die beste aller Welten*. Vor dem Hintergrund eines solchen autonomen, selbstreflexiven Bewusstseins stellt sich die Frage: Komplettiert eine im obigen Sinne verstandene Spiritualität nicht nur die medizinischen Gaben von Morphium und Sedativa mit einer religiösen Dosis «Opium» (Wladimir Iljitsch Lenin) – nicht «für das Volk», aber für die Patientin und den Patienten? Not lehrt zwar nicht immer beten, aber weckt in jedem Fall Bedürfnisse. So jedenfalls lässt sich die Bemerkung von Traugott Roser verstehen: «Je nachdem, ob Spiritualität in der individuellen Lebenswelt des Patienten bedeutsam ist oder nicht, kommt der Berücksichtigung seiner spirituellen Bedürfnisse eine wichtige Funktion im gesamten Betreuungskonzept zu. Spiritualität ist in diesem Sinne prinzipiell individualistisch verstanden: Spiritualität ist genau – und ausschliesslich – das, was der Patient dafür hält.»[6] Für den Praktischen Theologen und ehemaliger Mitinhaber der Professur für Spiritual Care in München kommt darin das Selbstverständnis des neuzeitlichen Subjekts zum Ausdruck: «Der Aspekt der Freiheit des Individuums gegenüber den Ansprüchen von Religionsgemeinschaften einerseits und Einrichtungen des Gesundheitswesens andererseits ist es denn auch, der den Begriff der Spiritualität attraktiv macht als Garant der Unverfügbarkeit des Individuums.»[7]

Bereits diese wenigen Zitate zu Aufgabe und Bedeutung von Spiritual Care präsentieren eine Fülle sehr anspruchsvoller Zielsetzungen: Förderung der subjektiven Lebensqualität, Wahrung der Personenwürde, Erfassung der existenziellen, spirituellen und religiösen Bedürfnisse, Begleitung bei der Suche nach Lebenssinn, Lebensdeutung und Lebensver-

---

[6]   Traugott Roser, Innovation *Spiritual Care*: Eine praktisch-theologische Perspektive, in: Eckhard Frick/ders. (Hg.), Spiritualität und Medizin. Gemeinsame Sorge für den kranken Menschen, Stuttgart ([2]2011 ([1]2009), 45–55, 47. Vgl. auch Margit Gratz/Traugott Roser, Spiritualität in der Medizin – ein Widerspruch?, in: Martin W. Schnell/Christian Schulz (Hg.), Basiswissen Palliativmedizin, Heidelberg 2012, 208–214, 211: «Spiritualität im Palliativkontext ist diesem Verständnis nach ‹genau – und ausschliesslich – das, was der Patient dafür hält›.»

[7]   Roser, Innovation, 48.

gewisserung, Begegnung existenzieller Bedrohungen, Schutz der persönlichen Freiheit gegenüber religiösen und medizinischen Institutionen sowie Garant für die Unverfügbarkeit des Individuums. Zusammenfassend geht es bei den aufgezählten Aspekten um die Ermöglichung, Wahrung und den Schutz persönlicher Identität in der (existenziellen) leiblichen Krise.

Angesichts dieser heterogenen Konnotationen des Spiritualitätsbegriffs wird verständlich, warum viele einschlägige Publikationen das Thema auffallend defensiv angehen. Zweifellos hat Spiritualität Konjunktur, sie gilt – je nachdem – als «Megatrend oder Megaflop».[8] Weitgehend Einigkeit besteht darin, dass es sich um einen «Containerbegriff» handelt, in den sich, relativ zum Verwendungszweck, ganz Verschiedenes hineinpacken lässt.[9] Das Schlagwort Spiritualität gehört zu jenem neuen Worttyp, der – wie der Sprachwissenschaftler Uwe Pörksen in seinem Essay über «Plastikwörter» bemerkt – «in unzähligen Kontexten» auftaucht und «räumlich oder zeitlich, in ihrem Anwendungsbereich kaum begrenzt» ist. Plastikwörtern «fehlt die geschichtliche Dimension, nichts an ihnen weist auf eine geografische und historische Einbettung hin. Sie sind insofern flach, sie sind neu und sie schmecken nach nichts.»[10] Wenn dem so ist, drängt sich die Frage auf: Wonach sollte Spiritualität denn eigentlich «schmecken»? Was steckt hinter dem wachsenden Bedürfnis nach Spiritualität und spiritueller Begleitung? Bevor ich mich diesen Fragen zuwende, möchte ich kurz auf mögliche Gründe für ein medizinisches Interesse an spirituellen Fragen eingehen.

---

[8]   Vgl. Regine Polak, Megatrend oder Megaflop? Zur Wiederentdeckung von Spiritualität, Diakonia 37, 2006, 386–392.

[9]   Vgl. Astrid Giebel, Spiritualität: Begriff – Geschichte – Tradition, in: Johannes Stockmeier et al. (Hg.), Geistesgegenwärtig pflegen. Existenzielle Kommunikation und spirituelle Ressourcen im Pflegeberuf, Bd. 1: Grundlegungen und Werkstattberichte, Neukirchen-Vluyn 2012, 43–52, 48; Peter Zimmerling, Das evangelische Profil christlicher Spiritualität, in: Stockmeier et al. (Hg.), Geistesgegenwärtig, 53–62, 54.

[10] Uwe Pörksen, Plastikwörter. Die Sprache einer internationalen Diktatur, Stuttgart ⁴1992, 118f.

2. Spiritual Care als medizinische «Inkompetenzkompensationskompetenz»?

Der kritische Unterton in der Theologie gegenüber dem aktuellen Spiritualitätsboom begegnet bezeichnenderweise in der medizinischen Spiritual-Care-Diskussion – einschliesslich der dort vertretenen theologischen Stimmen – so nicht. Die Gründe dafür sind komplex, ich möchte lediglich auf zwei Aspekte hinweisen: die verschiedenen Traditionslinien des Spiritualitätsbegriffs einerseits und die spezifische funktionale Kontextualisierung von Spiritual Care andererseits.

In der einschlägigen Literatur wird grundsätzlich zwischen einer romanischen und einer angelsächsischen Traditionslinie unterschieden.[11] Während die *spiritualité* auf die katholische Ordenstheologie in Frankreich vom 17. bis zur Wende vom 19. zum 20. Jahrhundert zurückgeht, entsteht die *spirituality* Ende des 19. Jahrhunderts. «In der christlichen Theologie wurde v. a. die [romanische Traditionslinie] aufgegriffen, die Motive vom ‹Leben aus dem Geist›, ‹Leben in Christus›, ‹Leben im anbrechenden Reich Gottes› beinhaltet. Spiritualität vollzieht sich hier in relativ geprägten Ausdrucksformen und Übungen in enger Anlehnung an die Tradition kirchlicher Lehre und kirchlicher Gemeinschaftspraxis. Die angelsächsische Traditionslinie hingegen versteht unter spirituality die subjektive und individuelle Verinnerlichung von Religion, in selbstgewählter Verhältnisbestimmung zur Religionsgemeinschaft, meist als Unabhängigkeit und Distanznahme.»[12] Die deutschsprachige Theologie – in der eine breitere Diskussion überhaupt erst im letzten Drittel des 20. Jahrhunderts einsetzt[13] – übernimmt vor allem die französische Lesart bzw. versteht Spiritualität mehr oder weniger synonym zum Begriff der Frömmigkeit. Die angelsächsische Linie dominiert dagegen in medizinischen Zusammenhängen. Einerseits werden die englischen und US-amerikanischen Debatten in den deutschsprachigen Medizindiskurs importiert, andererseits lässt sich eine individualistisch verstandene Spiritualität problemlos den staatlichen Medizinsystemen in religiös pluralen Gesell-

---

[11] Vgl. für viele Giebel, Spiritualität, 46f.
[12] Giebel, Spiritualität, 47.
[13] Vgl. Hans-Martin Barth, Spiritualität, Göttingen 1993, 10. Als Impulsgeber werden besonders hervorgehoben die Botschaft der 5. Vollversammlung des Ökumenischen Rates der Kirchen 1975 in Nairobi und die 1979 publizierte EKD-Denkschrift *Evangelische Spiritualität*.

schaften anpassen. Das erleichtert schliesslich auch die Etablierung von Spiritualität als eine – von spezifischen inhaltlichen und institutionellen Verortungen freie – Fachkompetenz.

Damit ist bereits der zweite Punkt der funktionalen Kontextualisierung von Spiritualität als (quasi-)medizinische Kompetenz angesprochen. Die Spiritual Care-Diskussion impliziert immer auch eine Kritik an der naturwissenschaftlich-technologischen Fokussierung moderner Medizin. Simon Peng-Keller bemerkt: «Das Verhältnis zwischen Spiritualität und moderner Medizin ist angespannt und herausfordernd. Im schnellen und technisierten Alltag eines Grossspitals gleichen spirituelle Handlungen und Vollzüge einem Mahnmal der Langsamkeit und des Nicht-Tuns, das je nach Standpunkt irritierend oder als wohltuend empfunden wird.»[14] Das Thema Spiritualität begegnet in medizinischen Kontexten zunächst als Defizitwahrnehmung verbunden mit der Forderung nach einer entsprechenden Korrektur im Sinne einer Kompetenzerweiterung. Gefragt ist eine Kompetenz, die die bestehenden Inkompetenzen kompensiert. «Inkompetenzkompensationskompetenz»[15] setzt – wie ihr Wortschöpfer Odo Marquard bemerkt hat – zweierlei voraus: einerseits die Wahrnehmung einer «Inkompetenz», die überhaupt den Anlass für entsprechende Kompetenzbemühungen bildet und andererseits eine «Kompetenznostalgie», die an ehemalige Fähigkeiten erinnert, mit denen die aktuell diagnostizierte Inkompetenz kompensiert werden sollen.[16] Was der Philosoph auf die eigene Zunft bezieht, lässt sich auch auf die Medizin übertragen: Sie entdeckt ihre Inkompetenz angesichts der Konfrontation mit Sterben und Tod, gegen die weder ein pharmakologisches Kraut noch eine medizinische Therapie gewachsen sind. Und sie erinnert sich nostalgisch an eine Vergangenheit, in der Medizin eine weit von ihrer heutigen wissenschaftlich-technologischen Ausrichtung entfernte Praxis war. Johannes Fischer hat in diesem Zusammenhang darauf aufmerksam gemacht: «Es gab eine Zeit, in der man auch der Medizin noch eine [...] seelsorgerliche Aufgabe zuerkannte. Eine mittelalterliche Definition bestimmt diese

---

[14] Simon Peng-Keller, Spiritualität im Kontext moderner Medizin, in: Manfred Belok/Urs Länzlinger/Hanspeter Schmitt (Hg.), Seelsorge in Palliative Care, Zürich 2012, 87–97, 87.

[15] Vgl. Odo Marquard, Inkompetenzkompensationskompetenz? Über Kompetenz und Inkompetenz in der Philosophie, in: ders., Abschied vom Prinzipiellen, Stuttgart 1981, 23–38.

[16] Marquard, Inkompetenzkompensationskompetenz, 30.

einerseits als *ars iatrike*, d.h. als ärztliche Kunst, und andererseits als *ars agapatike*, d.h. als Kunst liebender Zuwendung. Diese Definition illustriert auf ihre Weise die zweifache Folgeträchtigkeit menschlichen Handelns, einerseits Gestalt seiner unmittelbaren Wirkungen, hier als Heilung oder Linderung von Krankheit im Sinne der ärztlichen Kunst, andererseits in Gestalt der Haltungen oder Tugenden, die sich durch es hindurch vermitteln.»[17]

Der Medizinethiker Giovanni Maio hat darauf hingewiesen, dass sich in dem Medizin- und Rollenverständnis des Arztes das Menschenbild der jeweiligen Zeit widerspiegelt.[18] Idealtypisch unterscheidet er zwischen einer Vorstellung vom Arzt als Berater oder Steuermann für Diätetik, also angemessene Lebensführung in der Antike, dem *Arzt als* barmherzigen Helfer im Sinne der christlichen *caritas* im Mittelalter, dem *Arzt* als vertrauensvollen Freund im 19. Jahrhundert – ein personales Arztbild, das die heilsame Kraft der freundschaftlichen Beziehung an sich betont –, dem *Arzt als* homo faber (Thure von Uexküll/ Wolfgang Wesiak) im 20. Jahrhundert, der den PatientInnen in einem von der Aussenwelt weitgehend abgeschlossenen Medizinsystem begegnet und der in einem Gesundheitssystem nicht nur der einzelnen Patientin und dem einzelnen Patienten, sondern ebenso dem Gemeinwohl verpflichtet ist und schliesslich seit dem ausgehenden 20. Jahrhundert dem Arzt als Partner in symmetrischen Kommunikationsstrukturen, die sich mit der Etablierung von PatientInnenrechten und der Durchsetzung allgemeiner bioethischer Prinzipien – allen voran dem Autonomie- und *informed consent*-Prinzip – durchgesetzt haben. Die Meinungen über das ärztliche Selbstverständnis und seine Relevanz für die moderne Medizin gehen weit auseinander. Unstrittig dürfte dagegen sein, dass die Rollenverständnisse des Medizinpersonals und die persönlichen und gesellschaftlichen Erwartungshaltungen an die Medizin einem tiefgreifenden Wandel unterliegen. Diese zunächst triviale Beobachtung ist insofern von Bedeutung, weil sie die Frage nach dem Ort von Spiritual Care in der Medizin in verschärfter Weise aufwirft.

---

[17] Johannes Fischer, Zur Relevanz güterethischer Ansätze in der Medizinethik, in: Hans-Richard Reuter/Torsten Meireis (Hg.), Das Gute und die Güter. Studien zur Güterethik, Berlin 2007, 112–128, 116.

[18] Giovanni Maio, Mittelpunkt Mensch: Ethik in der Medizin. Ein Lehrbuch, Stuttgart 2012, 111–114.

Tatsächlich unterstellt die medizinische Spiritual Care-Diskussion – gerade auch in den Defizitanzeigen – mehr oder weniger selbstverständlich einen Konnex zwischen der institutionalisierten Medizin und spirituellen Kompetenzen. Das versteht sich keinesfalls von selbst. Dazu nur zwei Bemerkungen. Einer der wichtigen Vordenker von Palliative Care, der Mediziner Francis Weld Peabody hat schon 1927 die Pointe des heute breit diskutierten Care-Gedankens vorweggenommen: «[T]he secret of the care of the patient is in caring for the patient.» (Das Geheimnis der Sorge für den Patienten besteht in der Sorge für den Patienten).[19] Es geht also nicht um irgendwelche medizinischen Spezialkompetenzen, sondern um eine – im schlichten Sinne des Wortes – mitmenschliche Präsenz, Sorge und Begleitung. Diesem Verständnis folgt die Ende der 1960er Jahre entstehende Hospizbewegung und ihre *spirita recta* Cicely Saunders.[20] Sie verbinden ihr Engagement für die Begleitung von schwerkranken und sterbenden Menschen konstitutiv mit der Kritik an einer – als inhuman wahrgenommenen – Intensivmedizin und an den wissenschaftlich-technologischen Imperativen medizinischen Handelns. Die damals reklamierte Differenz zwischen der Cure- und Care-Perspektive, zwischen den divergierenden Leitkategorien von Heilung und (Für-) Sorge erfreut sich aktuell – Dank der zunehmenden Bedeutung von Palliative Care – wachsender Beachtung. Allerdings handelt es sich genau besehen um eine halbierte Aufmerksamkeit, die zumindest heute ihre strukturelle medizinkritische Pointe weitgehend eingebüsst hat. Ausgeblendet wird die dem Hospiz-Gedanken und den daran anschliessenden Palliativ-Care-Konzepten inhärente Forderung nach einer Selbstbegrenzung (und eben nicht Defizitkompensation) der Medizin. Dieser Impuls geht verloren, wenn Palliative Care – das gilt auch für die gegenwärtige Diskussion in der Schweiz – überwiegend als Palliativ-Medizin konzipiert wird. Die komplementären Aspekte von *cure* und *care* begegnen dann hauptsächlich in den gesundheitspolitischen Verteilungskämpfen um die stets knappen finanziellen Ressourcen. Strukturell und politisch geht es hier im Grunde um das bekannte Spiel: Egal wie schnell der sor-

---

[19] Francis Weld Peabody, The care of the patient, in: Journal of the American Medical Association (JAMA) 88, 1927, 877–882.
[20] Vgl. Cicely Saunders, Sterben und Leben. Spiritualität in der Palliative Care, Zürich 2009; Martina Holder-Franz, «... dass du bis zuletzt leben kannst.» Spiritualität und Spiritual Care bei Cicely Saunders, Zürich 2012.

gende Hase auch rennt, der medizinische Igel ist immer schon vor ihm da.

Damit verbunden ist ein zweites strukturelles Problem, auf das ich nur hinweisen kann, obwohl es einer eingehenden Analyse bedürfte. Zu den konzeptionellen Voraussetzungen von Palliative Care gehört das Bemühen um eine Rehabilitierung der Leib-Perspektive als Gegenbewegung zu der Dominanz der Köper- oder genauer Körperbild-Fokussierung in der Medizin.[21] Genau darauf zielen die wesentlichen Forderungen von Palliative Care nach einer «ganzheitlichen» und «sozial integrierten» Betreuung und Begleitung. Aus dem Gespräch zwischen Leibphänomenologie und medizinischer Anthropologie sind in der jüngeren Vergangenheit spannende Beiträge hervorgegangen.[22] Es stellt sich aber die Frage, ob die Art und Weise der strukturellen Umsetzung jener, für Palliative Care konstitutiven Interdisziplinarität ihrem eigentlichen Anliegen gerecht wird. Zementiert der additive Einbezug von Subdisziplinen in das Medizinsystem – nachdem sie zuvor als medizinisch irrelevante Aspekte subtrahiert worden waren – auf struktureller Ebene nicht am Ende genau jenen neuzeitlichen Körper-Seele-Dualismus, den zu überwinden sich Palliative Care auf die Fahnen geschrieben hat? Bleibt die etablierte Aufgabenteilung nicht bestehen, mit dem kleinen Zugeständnis, dass eine «Spiritualität light» (Franz Segbers) zukünftig eventuell auch über die Krankenversicherung abgerechnet werden kann? Wie kann eine, der cartesisch imprägnierten Medizin subsumierte Spiritual Care jenen Einheitsfokus auf den Menschen als Mitmenschen herstellen, sichern oder garantieren, wenn dieser Horizont einer funktional ausdifferenzierten Medizin systembedingt verborgen bleibt?

---

[21] Zur Dominanz des Köperbildes vgl. die prägnanten Bemerkungen von Dietmar Kamper, Der Körper als Leiche, in: ders., Horizontwechsel. Die Sonne neu jeden Tag, nichts Neues unter der Sonne, aber …, München 2001, 56–60; Peter Dabrock, Leibliche Vernunft. Zu einer Grundkategorie fundamentaltheologischer Bioethik und ihrer Auswirkung auf die Speziesismus-Debatte, in: ders./Ruth Denkhaus/Stephan Schaede (Hg.), Gattung Mensch. Interdisziplinäre Perspektiven, Tübingen 2010, 227–262; Frank Mathwig, ‹Dies ist mein Leib›. Anmerkungen zur Würdediskussion im Kontext des vierten Lebensalters, in: Torsten Meireis (Hg.), Altern in Würde. Das Konzept der Würde im vierten Lebensalter, Zürich 2013, 59–75.

[22] Vgl. exemplarisch Thomas Fuchs, Leib – Raum – Person. Entwurf einer philosophischen Anthropologie, Stuttgart 2000; Bernhard Waldenfels, Das leibliche Selbst. Vorlesungen zur Phänomenologie des Leibes, Frankfurt/M. 2000.

3. Kritik einer entkoffeinierten Sorge

Der Psychoanalytiker und Philosoph Slavoj Žižek hat in einem migrationspolitischen Zusammenhang bemerkt, wir würden andere erst akzeptieren, wenn wir sie im Blick auf ihr Anderssein «entgiftet» hätten.[23] Die Prozedur folgt einer verbreiteten Marktstrategie, die immer mehr Produkte anbietet, deren negative oder gefährliche Eigenschaften herausgefiltert werden: Kaffee ohne Koffein, Rahm ohne Fett, Bier ohne Alkohol. Entsprechend konstruieren wir eine politisch korrekte Version vom anderen, eben den «entkoffeinierten Anderen» (*the decaffeinated Other*). Die andere Person bleibt die Andere, aber sozusagen ohne Nebenwirkungen für uns. Der dahinter stehenden Kritik an einer Dekontextualisierung oder Enträumlichung der Person muss sich auch ein individualistisch zugespitztes Konzept von Spiritual Care stellen, wie es – eingangs zitiert – etwa von Traugott Roser vertreten wird. Philosophisch-phänomenologisch und ethisch könnte weiter gefragt werden, ob dem methodischen Vergessen der Leiblichkeit in der Medizin nicht eine konzeptionelle Ortlosigkeit des Individuums in der Spiritual Care korrespondiert. Ich möchte die beiden Seiten der einen Medaille im Folgenden thesenartig skizzieren.

3.1   Leiblichkeit

Spiritual Care im Rahmen der Betreuung und Begleitung von Sterbenden wird bestimmt durch die unmittelbare Präsenz und auch Gewalt der Leiblichkeit. Nicht der Köper stirbt, auch nicht der Geist oder die Seele, sondern der leibhaftige Mensch. Was wir in unserem Denken und unter dem Eindruck der Souveränität des eigenen Lebens aktiv differenzieren, zuordnen und gestalten können, wird im Sterben zunehmend von der Dramaturgie der im Vergehen begriffenen Leiblichkeit überlagert. Sterben ist ganz und gar dynamische Leibhaftigkeit. Der Mediziner Herbert Plügge beschreibt diesen Prozess: «Es handelt sich hier um eine Art von langsamem Verlöschen; um den Vorgang, dass hier der Kranke seinen Leib gleichsam nach innen verlässt, das Leibliche dagegen immer mehr den Charakter des Körperlichen annimmt und damit zur Hülle wird.

---

[23]   Slavoj Žižek, Liberal multiculturalism masks an old barbarism with a human face, The Guardian 3.10.2010.

Diese Kranken ziehen sich fast unmerklich nach innen zurück. Der menschliche Raum, der sonst nach aussen schlechthin unbegrenzt ist, schrumpft allmählich auf den Bereich alles dessen, was innerhalb der Haut liegt, zusammen. Das äusserliche Sichtbare des Leiblichen, die Haut, die Muskulatur, der Blick, nehmen immer mehr den Charakter des Leblosen an. [...] Der Weg zur Verwandlung eines Leibes in das Körperlich-Hüllenhafte während eines langen Siechtums ist [...] kein gradliniger, sondern ein phasenhaftes Hin und Her, in dem heute mehr das Lebendig-Leibliche, morgen vorwiegend das Verwelkende, fast Abgestorbene in Erscheinung tritt. Immer ist beides sichtbar, das auch noch in extremis ermöglicht, sich der eigenen Welt, wenn auch unter Umständen nur kurzfristig und dürftig, zuzuwenden, an ihr teilzuhaben, ja: sie in begrenztem Umfang wiederherzustellen bzw. umzuformen».[24]

Mit der philosophischen Tradition kann Leib als belebter und beseelter Körper verstanden und von anderen physischen Körpern abgegrenzt werden. Seit Mitte des 19. Jahrhunderts wird die Leibkategorie – im Sinne der Vorstellung von der Untrennbarkeit von Körper, Geist und Seele – kritisch gegen die wissenschaftliche Objektivierung des menschlichen Körpers gerichtet.[25] Der französische Existenzphilosoph Gabriel Marcel bemerkt über das Verhältnis von Körper und Leib: «Wird dieser Leib, als der ich inkarniert lebe, objektiviert, so erscheint mein Körper, das Missverständnis des Leibes. Dieser Körper kann, wie die imaginäre Seele, die ihn informieren soll, in beliebiger Weise objektiv betrachtet, klinisch untersucht und chirurgisch amputiert werden. Diesen Körper habe ich; ich bin aber mein Leib.»[26]

---

[24] Herbert Plügge, Wohlbefinden und Missempfinden, Tübingen 1962, zitiert nach Andreas Kruse, Menschenbild und Menschenwürde als grundlegende Kategorien der Lebensqualität demenzkranker Menschen, in: ders. (Hg.) Lebensqualität bei Demenz? Zum gesellschaftlichen und individuellen Umgang mit einer Grenzsituation im Alter, Heidelberg 2010, 3–25, 22f.

[25] Moderne Wegbereiter dieser Kritik waren in ganz unterschiedlicher Weise Edmund Husserl, Martin Heidegger, Helmut Plessner, Jean-Paul Sartre, Maurice Merleau-Ponty oder Gabriel Marcel, gegenwärtig etwa Wilhelm Schmitz, Bernhard Waldenfels oder Gernot Böhme. Die feministische und Genderdiskussion, sowie eine kritische Medizinsoziologie und -ethik liefern ebenfalls wichtige Impulse für das Thema.

[26] Gabriel Marcel, Leibliche Begegnung. Notizen aus einem gemeinsamen Gedankengang, in: Hilarion Petzold (Hg.), Leiblichkeit. Philosophische, gesellschaftliche und therapeutische Perspektiven, Paderborn 1985, 15–46,16.

Das Wissen über den eigenen Körper gewinnen wir – durch Beobachtung – von aussen: Im Spiegel kann ich mich in einer Weise betrachten, die meiner leiblichen Perspektivität verschlossen bleibt. Medizinische Geräte liefern Daten über meinen Körper, die Ärztin oder der
Arzt informieren mich über bestimmte körperliche Zustände, ich unter-
schreibe Einwilligungen über medizinische Eingriffe an meinem Körper.
Wir konstruieren aus einer Aussensicht Körperbilder (*body images*), im
Sinne von habituellen, visuell-räumlichen Vorstellungen vom eigenen
Körper, seinem Aussehen und seinen Eigenschaften.[27] Trotz der enormen
medizinischen Möglichkeiten riskiert ein solches Körperverständnis stets,
von der anderen Dimension des menschlichen Körpers überrascht oder
eingeholt zu werden: von der Tatsache, dass ein menschlicher Körper
niemals anders als der Leib einer konkreten Person existiert. Am ein-
drücklichsten zeigt sich diese Bezogenheit im Schmerz, bei dem jeder
Abstand zum Körper verloren geht. Gegenüber dem Schmerz gibt es
keine Beobachterperspektive. Er «tilgt den Abstand zur Situation und zu
sich selbst. Das Selbst wird in die Gegenwart eingeschmolzen. Die Differenz zwischen Aussen und Innen, zwischen Geschehnis und Erlebnis ist
ausgelöscht. [...] Die Kontrolle über den Körper ist dahin. Er ist kein
Werkzeug des Handelns mehr.»[28] Im Schmerz ist – mit Sigmund Freud –
das Ich nicht mehr «Herr im eigenen Haus».[29] Aus dem aktiven Subjekt
wird nicht nur ein dem Schmerz (ohnmächtig) ausgeliefertes, sondern
auch ein leidendes Subjekt. Hier zeigt sich, was dem vormodernen Denken ganz selbstverständlich war: die Nähe von Passivität und Pathos.

Das Pathos als Passivität – positiv im Sinne von Leidenschaft oder
Hingabe und negativ als Leiden – wird von der uns vertrauten Unter-
scheidung zwischen aktiv und passiv nicht eingefangen.[30] Es sträubt sich
gegen unser Alltagsdenken, weil es die dualen Aktionsformen unserer
Grammatik und Handlungslogik auf den Kopf stellt. Es ist weder das
Gegenteil von Aktivität oder Souveränität, noch gleichbedeutend mit
Abhängigkeit oder Unfreiheit. Pathos kann als Disposition verstanden

---

[27]   Vgl. Thomas Fuchs, Leib, Raum Person. Entwurf einer phänomenologischen An-
       thropologie, Stuttgart 2000, 42.
[28]   Wolfgang Sofsky, Traktat über die Gewalt, Frankfurt/M. 1996, 74.
[29]   Siegmund Freud, Eine Schwierigkeit der Psychoanalyse, in: ders., Gesammelte Werke
       12, Frankfurt/M. 1947, 3–12, 11.
[30]   Vgl. grundlegend Philipp Stoellger, Passivität aus Passion. Zur Problemgeschichte
       einer ‹categoria non grata›, Tübingen 2010.

werden, freilich nicht in einem psychologischen Sinne, sondern in der Weise eines leiblichen Disponiert-Seins, das dem Handeln und Wissen als ihrem Woher und Worauf vorausgeht.[31]

Diese hier nur angedeuteten phänomenologisch-existenzialen Überlegungen führen zu einer zunächst paradox erscheinenden Konsequenz: Der Mensch kann sich von seinem Leib nicht distanzieren, er ist ihm in der Unmittelbarkeit seiner «Involviertheit»[32] (vor-)gegeben. Der Unterscheidung zwischen einen Körper haben und ihr resp. sein Leib sein entsprechen also nicht die Aktionsmodi von aktiv und passiv, sondern die kategoriale Differenz zwischen Verfügbarkeit und Unverfügbarkeit: Verfügbarkeit des Körpers durch Distanzierung und Unverfügbarkeit des Leibes durch die Unmittelbarkeit pathischen Erlebens.

Das Leibverständnis bildet den Rahmen für ein angemessenes Verständnis von Spiritual Care resp. Seelsorge am Lebensende. Die Begriffe wären missverstanden, wenn die darin enthaltenen Ausdrücke Seele und Spiritualität als Gegenstände des Sorgens aufgefasst würden. Nur in der Perspektivität der Leiblichkeit wird jene ganzheitliche Dimension von Palliative Care greifbar. Wenn von Spiritual Care oder Seelsorge die Rede ist, geht es stets und in einem umfassenden Sinn um Leibsorge. Kurz und knapp gilt deshalb die Aufforderung Friedrich Nietzsches: «Also Umlernen! [...] Das Geistige ist als Zeichensprache des Leiblichen festzuhalten.»[33]

3.2 Sinn

Norbert Elias ist in seinem Essay *Über die Einsamkeit der Sterbenden in unseren Tagen* ausführlich der Frage nach dem Zusammenhang von Ster-

---

[31] Martin Heidegger, Was ist das – die Philosophie?, Pfullingen 1956, 39, spricht von «Stimmung» im doppelten Sinne des «Gestimmtseins» (worauf) und «Bestimmtseins» (woher). In diesen Zusammenhang gehört auch die Foucaultsche Kategorie des Dispositivs vgl. Michel Foucault, Dispositive der Macht. Über Sexualität, Wissen und Wahrheit, Berlin 1978 sowie Giorgio Agamben, Was ist ein Dispositiv?, Zürich, Berlin 2008.

[32] Vgl. dazu Gernot Böhme, Ethik leiblicher Existenz, Frankfurt/M. 2008; ders., Der Begriff des Leibes. Die Natur, die wir selbst sind, Deutsche Zeitschrift für Philosophie 59, 2011, 553–563.

[33] Nietzsche, Kritische Studienausgabe (KSA) Bd. 10, 285. Vgl. ders., Zarathustra, in: KSA 4, 40: «Das schaffende Selbst schuf sich Achten und Verachten, es schuf sich Lust und Weh. Der schaffende Leib schuf den Geist als eine Hand seines Willens.»

ben und Sinn nachgegangen. Er beginnt mit einem Paukenschlag: «Es ist wohl zu verstehen, dass ein Mensch, der als sinnloses, vereinzeltes Wesen zu leben meint, auch als solches stirbt.»[34] Allerdings handele es sich, wie der Soziologe sofort anfügt, um einen irreführenden Sinnbegriff, denn «die Kategorie ‹Sinn› lässt sich nicht verstehen, wenn man sie auf einen einzelnen Menschen oder eine von ihm abgezogene Universalie bezieht. Konstitutiv für das, was wir Sinn nennen, ist eine Vielheit von Menschen, die in dieser oder jener Weise voneinander abhängig sind und miteinander kommunizieren. ‹Sinn› ist eine soziale Kategorie; das zugehörige Subjekt ist eine Pluralität miteinander verbundener Menschen. In deren Verkehr miteinander erhalten Zeichen, die sie einander geben – und die in jeder Gruppe von Menschen verschieden sein können –, einen Sinn und zwar zunächst einmal einen gemeinsamen Sinn.»[35] Elias Bemerkungen richten sich gegen die Vorstellung, als könne das vereinzelte, gegen seine soziale Umwelt hermetisch abgeriegelte Subjekt – der *homo clausus* – die Frage nach der Sinnhaftigkeit seines Seins aus sich selbst heraus beantworten. Diese Vorstellung entspräche einem «Theater des Absurden». Natürlich stellen sich viele Menschen im Sterben die Sinnfrage und selbstverständlich kann diese nicht an Dritte delegiert werden. Aber die notwendig subjektbezogene Suche nach einer Antwort findet in einem sozial konstituierten Raum statt. Es geht viel weniger um ein Suchen als um das Sich-Verorten, um das «Sich-Einfinden» an einem öffentlichen Ort (Hannah Arendt) oder das «Bewohnen» (Dietrich Ritschl) eines gemeinschaftlichen Raumes. So kann auch die Bemerkung des Theologen Fulbert Steffensky mit Blick auf die spirituelle Suche gelesen werden: «Es gibt Dinge, die man nicht erwerben kann durch Suchen, durch Selbststeigerung und durch Selbstintensivierung. Man kann sich nicht selbst beabsichtigen, ohne sich zu verfehlen. Wir brauchen unsere eigene Existenz nicht zu bestätigen und zu bezeugen durch unsere eigenen Erfahrungen. ‹Der Geist gibt Zeugnis unserem Geist›, dass wir Söhne und Töchter Gottes sind (Röm 8,16).»[36]

---

[34] Norbert Elias, Über die Einsamkeit der Sterbenden in unseren Tagen, Frankfurt/M. 1982, 82.

[35] Elias, Über die Einsamkeit, 83f.

[36] Fulbert Steffensky, Suche nach spiritueller Erfahrung. Vortrag auf dem 30. Deutschen Evangelischen Kirchentag, 25.–29. Mai 2005 in Hannover, 4 (www.dekanat-hof.de/download/steffkirchentag05.pdf, Zugriff am 27.04.2013).

So unmittelbar sich uns die Sinnfrage in bestimmten Lebenszusammenhängen auch aufdrängt, so offen ist ihr Ausgang. Steffensky kritisiert in diesem Zusammenhang das «Harmoniediktat» der «neuen Spiritualität». Nicht weil damit einer alten kirchlich-theologischen Domäne das Wasser abgegraben würde, sondern weil damit die Menschlichkeit des Menschen aus dem Blick zu geraten droht. Wenn das Unglück am Ende nur als «Maske der Harmonie» begegnet, besteht die Gefahr, «dass wir eine menschliche Grundfähigkeit verlernen: das Vermissen: das Vermissen des Augenlichts der Blinden; das Vermissen der Sprache und der Lieder für die stumm Gemachten; das Vermissen des aufrechten Ganges der zu Boden Gedrückten».[37] Gegen allzu viel oder allzu leichte Sorge um den Sinn eines Leidens braucht es Mut und Kraft, das Sinnlose auch als das Sinnlose aushalten zu können. Mit Karl Barth: «Was der Mensch diesem ganz Reich zur Linken und so auch der Krankheit gegenüber in Übereinstimmung mit dem Willen Gottes wollen soll, kann immer nur *Widerstand* bis auf das Letzte sein».[38] Im aktuellen Boom von Sinnhaftigkeitsbegehrlichkeiten sollten Theologie und Kirchen nicht munter mitmischen, sondern kritisch Distanz wahren. Gerade aus reformierter Sicht wäre hier an eine Gelassenheit der Nüchternheit zu erinnern. Gegen überstiegene Souveränitätsphantasien, die auch noch das letzte himmelschreiende Elend in ein normatives Glücks- oder Sinnsystem einhegen wollen, bietet christliche Seelsorge eine überraschend einfache Alternative: Mut zur Sinnlosigkeitstoleranz. Wir können – und müssen manchmal – auch gegen das eigene Verstehen anleben. Leben braucht kein Verstehen, um gelebt zu werden. «Sogar die Gebete müssen nicht aus der eigenen Kraft gelingen: ‹Wir wissen nicht, was wir beten sollen.› Aber der Geist hilft uns auf mit seinem eigenen Seufzen (Röm 8,26). Welche Heiterkeit des Lebens kann daraus entstehen zu wissen, dass man nicht der Garant seiner selbst sein muss; dass man den Ganzen spielen kann in der Figur des fragmentarischen Lebens.»[39]

Wenn das Krankenhaus der Ort in unserer Souveränitätsgesellschaft ist, an den die «Gestrandeten» der Gesellschaft «gespült werden» (Harold

---

[37] Steffensky, Suche, 5.

[38] Karl Barth, Die Kirchliche Dogmatik, Bd. III/4: Die Lehre von der Schöpfung, Zollikon-Zürich 1957, 418.

[39] Fulbert Steffensky, Was meine ich eigentlich, wenn ich Gott sage?, in: Jürgen Ebach et al. (Hg.), Gretchenfrage. Von Gott reden – aber wie?, Jabboq 2, Bd. 1, Gütersloh 2002, 24–35, 33.

Brodkey), dann hat Kirche allen Grund, auch um ihrer Glaubwürdigkeit
für jene Gestrandeten willen, den Anpassungsversuchungen an einen
Anerkennung versprechenden Zeitgeist zu widerstehen und sich ihren
Fragen zuwenden, die längst nicht nur ihre eigenen sind:

- Wer, wenn nicht kirchliche Seelsorge, sagt den Menschen in einer
  Leistungsgesellschaft, die nichts mehr leisten können, dass es keine
  Leistung braucht, weil alles schon geleistet ist?
- Wer, wenn nicht kirchliche Seelsorge, sagt den Menschen, deren
  Energie und Geist zu schwach für Selbstfindung und spirituelle
  Erfahrungen geworden ist, dass es beides nicht braucht, weil sie
  längst gefunden wurden?
- Wer, wenn nicht kirchliche Seelsorge, sagt den Menschen, die in
  ihrer Krankheit einsam geworden sind und keine Kraft haben, sich
  dagegen aufzulehnen, dass sie nicht allein gelassen sind, sondern
  dazu gehören?
- Wer, wenn nicht kirchliche Seelsorge, sagt Menschen in einer
  selbstzentrierten Gesellschaft, die sich selbst nicht mehr erkennen
  und nichts mehr von sich wissen, dass sie aufgehoben sind in der
  story Gottes mit den Menschen, in der kein Mensch vergessen
  wird?

3.3   Sorge

Sich sorgen bedeutet, sich in ein bestimmtes Verhältnis zu der und dem
anderen zu setzen, der oder dem die Sorge gilt.[40] Der Philosoph Harry
Frankfurt hat das Sich-Sorgen als «eine Angelegenheit des auf bestimmte
Weise Tätigseins» beschrieben: «[D]as Tätigsein trägt wesentlich reflexi-
ven Charakter – streng genommen nicht deshalb, weil der Akteur, indem
er sein Verhalten leitet, mit Notwendigkeit etwas für sich selbst tut, sondern eher deshalb, weil er etwas absichtsvoll mit sich unternimmt. Eine
Person, die für eine Sache Sorge trägt, ist sozusagen in sie eingesetzt.»[41]
Es geht um die Richtung unseres Willens, genauer: das Ausgerichtet-Sein
unseres Willens, das keiner moralischen Pflicht und keinem Rechts-

—

[40] Vgl. zum Folgenden auch Frank Mathwig, Zwischen Leben und Tod. Die Suizidhil-
      fediskussion in der Schweiz aus theologisch-ethischer Sicht, Zürich 2010, 232ff.
[41] Harry G. Frankfurt, Über die Bedeutsamkeit des Sich-Sorgens, in: ders., Freiheit und
      Selbstbestimmung, Berlin 2001, 98–115, 98.

grundsatz folgt, weil es die traditionell scharfe Trennung zwischen dem Handlungssubjekt und dem Pflichten einforderndem Gegenüber aufhebt. Sehr zugespitzt lässt sich dieses In-Beziehung-Setzen in Anlehnung an das Gleichnis vom barmherzigen Samaritaner (Lk 10,25–37) als unmittelbare Empfänglichkeit für die andere Person bestimmen. Über den Priester und Levit heisst es jeweils: «Er sah und ging vorüber» (Lk 10,31f.). Über den Samaritaner wird wörtlich gesagt: Er «sah und es jammerte ihn» (Lk 10,33). Für die theologische Ethik ist die Geschichte arg ernüchternd. Hier wird kein Moralprinzip präsentiert, kein ethisches Begründungsprogramm aufgeboten – die Geschichte handelt lediglich von einem Hinsehen und seinen unmittelbaren Wirkungen. Es geht um die Unmittelbarkeit dessen, was sich der oder dem Hinsehenden zeigt: «Man kann nicht nicht sehen, was einem ins Auge fällt».[42] Die Geschichte handelt von einem «Affekt mit Effekt» – wie Philipp Stoellger bemerkt – einem «Ethos aus Pathos».[43] Dieses Sehen geht allen moralischen Forderungen und jeder ethischen Begründung voraus. Deshalb kann es nicht zum Gegenstand moralischer Forderungen oder ethischer Pflichten werden. Theologisch gesprochen: Die biblisch-theologischen Grundeinsichten von der Beziehungshaftigkeit allen Lebens – als Synonym für Geschöpflichkeit – und der menschlichen Beziehungsbedürftigkeit – im Sinne seines Bestimmtseins zur Gemeinschaft mit Gott – betreffen ein Sein und kein Sollen. Deshalb kann dieses Sehen nicht – im aristotelischen Sinne – als Tugend gelernt werden und deshalb handelt es sich auch nicht um eine Kompetenz, die sich jemand absichtlich aneignen könnte. Es geht um eine Wahrnehmung, die nicht als Kennzeichen der besonderen Sensibilität einer Person oder als Merkmal ihrer moralischen Integrität zugerechnet werden kann. Vielmehr ist die Wahrnehmung als «leibhaftige […] der Sinn für Raum, für den sozialen Raum, der sich in der betroffenen Wahrnehmung öffnet. Dieser Raum ist stets getönt, geprägt und klingt so oder so. Räume sind Atmosphären. Und der Affekt ist der leibliche Sinn für die Tönung, für den Klang dieser Atmosphären.»[44]

---

[42] Philipp Stoellger, ‹Und als er ihn sah, jammerte er ihn›. Zur Performanz von Pathosszenen am Beispiel des Mitleids, in: Ingolf U.Dalferth/Andreas Hunziker (Hg.), Mitleid. Konkretionen eines strittigen Konzepts, Tübingen 2007, 289–305, 299.

[43] Stoellger, Und als er ihn sah, 298f.

[44] Stoellger, Und als er ihn sah, 299.

Johannes Fischer hat ein solches christliches Ethos der Wahrnehmung zur Aufgabe der Seelsorge in Beziehung gesetzt: «Wenn Seelsorge in Bezug auf die geistliche Empfänglichkeit und Ausrichtung eines Menschen ist, dann geschieht in ihrem unmittelbaren Vollzug das Entscheidende: Nicht in dem, *was* der Seelsorger tut, sondern in dem, was sich durch sein Tun hindurch vermittelt und auf den Klienten und dessen seelische Empfänglichkeit überträgt. Für das Verständnis der Seelsorge hängt viel von der Antwort auf die Frage ab, ob sie, aristotelisch gesprochen, als Poiesis, d.h. als eine Tätigkeit, die ihr Ziel ausserhalb ihrer selbst hat z. B. in Gestalt eines bestimmten psychischen Zustands des Klienten, oder ob sie als Praxis zu verstehen ist, die ihr Ziel in sich selbst hat. Wenn die Spitalseelsorgerin das Kissen eines Patienten zurechtrückt, damit dieser bequemer liegen kann, dann ist das zweifellos *Poiesis*, die das Ziel des Bequemer-Liegens hat […]. Doch ist auch die Zuwendung, die sich darin überträgt, ein Mittel zu einem bestimmten Zweck? […] Offensichtlich ist sie im Sinne einer Praxis zu begreifen, die um ihrer selbst willen geschieht. Sie ist im buchstäblichen Sinne zwecklos.»[45]

3.4   Mut zum Pathos

In den vorangegangenen Bemerkungen ging es darum, auf einige Baustellen in der aktuellen Spiritualitätsdiskussion und ihrer medizinischen Adaption hinzuweisen. Vor allem die individualistische Zuspitzung und die Fokussierung auf das handelnde Subjekt als Autor ihrer resp. seiner Spiritualität sind – nicht nur aus theologischer Sicht – nicht haltbar. Auch hier bestätigt sich, dass Krankheit und Sterben schlecht in unsere Weltbilder und Lebenswelten passen, weil sie sich auf ganz eigene Weise gegen unsere Aktivitätsmodi und Individualitätsideale sträuben. Das ist irritierend. Und Irritationen lassen sich bekanntlich nicht therapieren. Das macht sie so mühselig, aber unter Umständen auch hilfreich. Konkret bieten sie die Chance zu einer Wiederentdeckung des Pathischen in Form eines gemeinschaftlichen Pathos – das im Kern der um Gottes Wort versammelten Gemeinde entspricht – oder allgemeiner als räumliches Pathos der Begegnung, die nicht gemacht wird, sondern die geschehen kann. Fulbert Steffensky versteht Spiritualität als «geformte Auf-

---

[45]   Johannes Fischer et al., Grundkurs Ethik. Grundbegriffe philosophischer und theologischer Ethik, Stuttgart 2007, 328.

merksamkeit», die nicht in einer spirituellen «Selbsterfahrung», sondern umgekehrt in einer «Selbstvergessenheit» besteht.[46] Was damit gemeint sein könnte, hat der Liederdichter Gerhard Tersteegen im 18. Jahrhundert in dem bekannten Kirchenlied *Gott ist gegenwärtig* in Worte gefasst. In der fünften Strophe heisst es: «lass mich so / still und froh / deine Strahlen fassen / und dich wirken lassen».[47] «Lass mich [...] dich wirken lassen» – um nicht mehr, aber auch um nicht weniger geht es in der Seelsorge nicht nur mit Menschen am Lebensende.

---

[46] Steffensky, Suche, 6.
[47] Gesangbuch der Evangelisch-reformierten Kirchen der deutschsprachigen Schweiz, Nr. 162.

Palliative Care – theologische und medizinethische Aspekte

Lea Siegmann-Würth

1. Palliative Care – Medizin und Theologie begegnen sich (wieder)

Die Palliative Care stellt den Menschen in den Mittelpunkt. Sie geht von einem Menschenbild aus, das möglichst viele Dimensionen des Menschseins umfasst. Explizit werden in den Definitionen und Prinzipien die physische, psychische, soziale und spirituelle Dimension genannt.[1] Der Mensch als Person und Subjekt wird in seiner Ganzheit als Beziehungswesen gesehen. Damit gehört sein Beziehungsfeld zu ihm und im Fokus stehen ebenso Angehörige, Bezugspersonen und Menschen, die den Betroffenen beruflich oder ehrenamtlich betreuen.

Wirft man in der Geschichte einen Blick zurück ins Mittelalter, waren damals Medizin und Theologie miteinander verbunden. Eine Heilung der Krankheit war oft nicht möglich. Es standen allein eine palliative Therapie und Begleitung zur Verfügung. Im christlich geprägten Mittelalter wurden die kosmologische und anthropologische Sichtweise von Gesundheit und Krankheit in der theologischen Deutung auf das Jenseits bezogen. Gesundheit und Krankheit waren in ihrer heilsgeschichtlichen Bedeutung mit dem Menschen in den eschatologischen Lauf der Welt eingebunden. Jeder Übergang vom Kranksein zum Gesundsein bedeutete einen kleinen Nachvollzug dieses Prozesses. Hinter dem Kranken wurde das Leiden Christi gesehen, hinter dem Arzt die Repräsentanz Christi. Leiden und Krankheit sollten gelindert und geheilt werden im Bewusstsein, dass es im Diesseits keine vollkommene Gesundheit gibt. Leitend im Verhalten von Kranken, Ärzten und weiteren Betreuenden sollten die Barmherzigkeit sowie die klassischen und christlichen Tugenden sein.[2]

---

[1] Vgl. Cornelia Knipping, (Hg.), Lehrbuch Palliative Care, Bern ²2007, hier bes. 30–47.

[2] Vgl. Dietrich von Engelhardt, Art. ‹Gesundheit›, in: Lexikon der Bioethik, Bd. 2, hg. v. Wilhelm Korff et al., Gütersloh 1998, 108–114, 110–111.

Nach einer christlich geprägten mittelalterlichen Definition ist die Medizin eine Kunst in zweifacher Ausrichtung. Einerseits ist sie eine *ars iatrike* und andererseits eine *ars agapatike*. Als *ars iatrike* ist sie eine «ärztliche Kunst» und umfasst alle Kenntnisse und Regeln der Heilkunst, um den kranken Menschen fachgerecht zu behandeln. Heute ist dieses Handeln im Ausdruck *lege artis* mitgedacht. Als *ars agapatike* ist sie eine «Kunst der Zuwendung von Liebe», und damit eine bestimmte Haltung, mit der der Arzt dem Kranken begegnet.[3]

In der Neuzeit beginnt eine zunehmende Orientierung am Diesseits. Säkulare Sinngebungen, Vernunft und Freiheit, Individualität und Demokratisierung, Industrialisierung und Wissenschaft treten zunehmend in den Vordergrund. Die metaphysische Dimension der Natur verliert sich. Die Medizin wird zu einer Naturwissenschaft, die Krankheit naturwissenschaftlich-analytisch verstanden. Die Störung, das, was nicht mehr funktioniert, soll einer Ursache zugeführt werden, um diese dann möglichst zielgerichtet zu behandeln. In diesem biomedizinischen Konzept löst sich die Krankheit zunehmend vom betroffenen Menschen. Die «Maschine Mensch» soll wieder zum Laufen gebracht werden.[4] Das Machbare steht im Vordergrund. Die Bezeichnung «Apparatemedizin» wird zum Schlagwort. Dies bedeutet aber nicht, dass eine durchwegs entmenschlichte oder inhumane Medizin betrieben wurde.

Unbestritten ist, dass die naturwissenschaftlich-technisch orientierte Medizin bislang grosse Fortschritte erzielte und für den Menschen viel Erfreuliches hervorbrachte und weiter bringt. Viele Krankheiten können geheilt werden oder mindestens gelindert werden. Die Kehrseiten sind, dass sich die Grenzen gerade an den sensiblen Orten von Beginn und Ende des Lebens immer mehr verschieben und neue, komplexe Problemsituationen geschaffen werden. So stellt sich z. B. die Frage, wie weit wir Leben erhalten, verlängern oder verbessern wollen, sollen oder müssen,

---

[3] Johannes Fischer, Wege zum heilsamen Umgang mit dem Leiden – der theologische Ansatz, in: Peter Stulz, (Hg.), Theologie und Medizin. Ein interdisziplinärer Dialog über Schmerz und Leiden, Heil und Heilung, Zürich 2004, 57–65, 63f.

[4] Vgl. Alfons Labisch/Norbert Paul, Art. ‹Medizin 1. Zum Problemstand›, in: Lexikon der Bioethik, Bd. 2, hg. v. Wilhelm Korff et al., Gütersloh 1998, 630–642, 631; Thure von Uexküll/Wolfgang Wesiack, Integrierte Medizin als Gesamtkonzept der Heilkunde: ein bio-psycho-soziales Modell, in: Thure von Uexküll, Psychosomatische Medizin. Modelle ärztlichen Denkens und Handelns, hg. v. Rolf H. Adler et al., München/Jena ⁶2003, 3–42, 4–6.

wenn es von unheilbarer Krankheit, Alter oder Sterben bedroht ist? Oder was entspricht der Würde und Freiheit des einzelnen Menschen und was wird von einer solidarischen Gesellschaft gefordert? Eine weitere Folge ist, dass die Medizin sich immer mehr ausdifferenziert. Viele Spezialisten kümmern sich um einzelne Organe oder Organsysteme.

Im 20. Jahrhundert erkannte man wieder die seelischen und sozialen Einflüsse auf das Krankheitsbild eines Menschen. Verhalten und Kommunikation im Zusammenhang mit dem Leiden eines Menschen werden zusätzlich von dessen Biografie und kulturell-religiösen Bindung geprägt. Auch innerhalb der Medizin entwickelte sich eine neue Sichtweise. Sie fand ihren Ausdruck in der psychosomatischen Medizin und schliesslich im biopsychosozialen Konzept der integrierten Medizin, erweitert um die spirituelle Dimension in der Palliative Care.

Das Verhältnis von Medizin und Theologie bzw. Seelsorge kann im Konzept der Palliative Care somit als ein komplementäres betrachtet werden, das sich am möglichst umfassenden Wohl des Patienten und seinen Angehörigen ausrichtet. In der Medizin geht es wie in der Theologie immer auch um Geschichten, um narrative Elemente. In der Medizin ist es zumindest die Geschichte der Krankheit, des Kranken und der Arzt-Patient-Beziehung.[5] Ein Konzept, das von einem möglichst umfassenden Menschenbild ausgeht, strebt ein weites Verständnis sowohl von Medizin als auch von Palliative Care an. In einer breit verstandenen Medizin ist die Arzt-Patient-Beziehung nur eine von vielen Beziehungen. Menschen sterben auch auf einer Nicht-Palliativstation, im Spital auf der Chirurgie, Intensivstation, Neurologie oder Kardiologie, im Notfall oder Gebärsaal. Menschen sterben oft in einer Institution der Langzeitbetreuung und immer auch noch zu Hause. Palliative Care hat ihren Schwerpunkt in der letzten Lebensphase. Sie ist aber bei chronischen Krankheiten die einzige mögliche Sorge. Zudem enthalten auch palliative Betreuungen kurative, präventive und rehabilitative Ansätze. Palliativ darf und soll auch nicht gleich mit dem Tod verbunden werden, so wie auch die (Spital-)Seelsorge nicht (mehr) gleich mit dem Tod verbunden werden möchte. So meinte z. B. bei einem Erstbesuch der Spitalseelsorgerin ein 55-jähriger Mann: «Aber so schlimm ist es doch noch nicht mit mir?!» Hinter der Palliative Care steht ein mehrdimensionales Konzept von Medizin. Zu diesem Konzept gilt es Sorge zu tragen und es in der täglichen

---

[5] Vgl. ebd., 3–42.

Arbeit umzusetzen, in der Aus-, Weiter- und Fortbildung zu vermitteln und in der interdisziplinären Zusammenarbeit zu integrieren. Letztlich geht es um eine menschenzentrierte, humanistische Kultur des Helfens.

2. Ethik und Palliative Care

2.1   Einleitung

In der Medizin geht die Ethik der Frage nach, was das Gute und das Wohl im Leben und Sterben für einen Menschen ist.[6] Geburt, Krankheit und Tod stellen zentrale Themen in der Medizin wie auch in der praktischen Theologie dar.

Die Medizin regelte in moralischer Hinsicht schon in frühester Zeit ihr Handeln. Grundsätzlich gilt das ärztliche Berufsethos bis heute. ÄrztInnen verpflichten sich, diese Regeln einzuhalten. Dazu gehören als oberstes Gesetz das Wohl des Patienten zu achten *(salus aegroti suprema lex)* und ihm keinen Schaden zuzufügen *(primo nil nocere)*. Einstellungen und Grundhaltungen wie die Hilfsbereitschaft und Verschwiegenheit verbinden sich mit dem Ethos. Das Ethos gibt sich die Ärzteschaft selbst. Wirksam kann es aber nur sein, wenn sich die Ärzteschaft als Einheit versteht und es sowohl für sie wie auch die Gesellschaft transparent und in seinen Wertüberzeugungen nachvollziehbar ist. In der Beziehung zwischen Patient und Arzt spielt entsprechend auch ein Ethos des Patienten eine Rolle. Dieses beinhaltet, dem Arzt gegenüber einen Vertrauensvorschuss zu gewähren, eine angemessene Anspruchshaltung einzunehmen und die Grenze zwischen freundschaftlich-privaten und professionellen Diensten einzuhalten.[7]

Heute genügt ein ärztliches Berufsethos alleine nicht mehr für eine medizinische Ethik im engeren Sinne. Die Gründe liegen in den strukturellen Veränderungen in der Medizin und im Wandel der Gesellschaft. Die Veränderungen in der Gesellschaft beziehen sich insbesondere auf den Wertepluralismus. In unserer Gesellschaft, auch als Korrektiv zu einer einseitigen paternalistischen Haltung, bekamen der Wert der

---

[6]   Vgl. Giovanni Maio, Mittelpunkt Mensch: Ethik in der Medizin. Ein Lehrbuch, Stuttgart 2012, 1–9.

[7]   Vgl. Otfried Höffe, Art. ‹Medizinische Ethik› in: ders. (Hg.), Lexikon der Ethik, München ⁶2002, 160–167.

Selbstbestimmung und der Autonomie eine grosse Bedeutung *(voluntas aegroti suprema lex)*. Medizinische Beziehungen, eingeschlossen jene der Seelsorge, sind offen gegenüber verschiedenen philosophisch und religiös fundierten Einstellungen.

Im Vordergrund steht ein prozessorientierter Dialog, sowohl in den individuellen Beziehungen als auch in jenen mit Institutionen.

Ein bevorzugtes Modell der Kommunikation vor dem Hintergrund des biopsychosozialen Konzepts ist das Modell des *shared decision making*. Es basiert auf einer patientenzentrierten Beziehung und partizipativen Entscheidungsfindung mit dem Ziel eines Konsenses *(informed consent)*. Das Ziel liegt letztlich darin, einen humanitär und gesellschaftlich gangbaren Weg zum bestmöglichen Wohl jedes Einzelnen und möglichst aller zu finden und zu gehen.

Die theologische Ethik reflektiert das Handeln in moralischer Hinsicht, auch im medizinischen Bereich, im «Horizont des christlichen Glaubens»[8]. Sie klärt damit gleichzeitig ihren Hintergrund.

2.2   Ethik im Kontext der Palliative Care

Im Zusammenhang mit der Palliative Care kann eine Ethik der Palliative Care von einer Ethik in der Palliative Care unterschieden werden.[9] Als Ethik der Palliative Care nimmt sie Bezug auf die Palliative Care als gesellschaftliche Bewegung. Sie setzt sich mit dem menschlichen Zusammenleben auseinander mit dem Ziel einer Verbesserung besonders vulnerabler Gruppen, wie dies chronisch Kranke und Sterbende sind. Als Ethik in der Palliative Care beschäftigt sie sich mit schwierigen Entscheidungen im praktischen Alltag, wo es um die Umsetzung von Palliative Care geht. Themen können hier z. B. die Kommunikation, die palliative Sedation oder das Thema um die Beihilfe zum Suizid sein.[10]

---

[8]   Gerfried W. Hunold/Thomas Laubach/Andreas Greis, Annäherungen. Zum Selbstverständnis Theologischer Ethik, in: diess. (Hg.), Theologische Ethik. Ein Werkbuch, Tübingen/Basel 2000, 1–9, 3.

[9]   Vgl. Markus Zimmermann-Acklin, Palliative Care – Möglichkeiten und Grenzen aus sozialethischer Sicht, in: Manfred Belok/Urs Länzlinger/Hanspeter Schmitt (Hg.), Seelsorge in Palliative Care, Zürich 2012, 61–73, 61–63.

[10]   Vgl. auch Lea Siegmann-Würth, Ethik in der Palliative Care. Theologische und medizinische Erkundungen, Bern 2011.

Im Begriff Care ist mit seiner Bedeutung von Sorge, Kummer, Pflege, Betreuung, Achtsamkeit und Sorgfalt, Anteilnahme und Empathie, Wohltun und Fürsorge bereits sowohl eine Haltung als auch ein Prinzip zur Begründung eines moralischen Anrechts auf Fürsorge in Situationen des Krankseins und Leidens enthalten. Diese Art von Sorge findet sich im christlichen Kontext zentral in der Nächstenliebe und Barmherzigkeit, in der Solidarität oder in Anlehnung an den Begriff von Johann Baptist Metz in der *Compassion*[11].

2.3   Grundwerte und Prinzipien in der Palliative Care

Als Grundwerte in der Palliative Care werden allgemein die «Selbstbestimmung, Würde und die Akzeptanz von Krankheit, Sterben und Tod als Bestandteile des Lebens»[12] verstanden. Im Begriff der Würde wird der Respekt gegenüber persönlichen, kulturellen und religiösen Werten und Überzeugungen eingeschlossen. Die Würde gilt als «unteilbarer Grundwert, der in jeder Lebensphase Gültigkeit hat» und «umfassend geachtet»[13] wird. Somit kommen der Aspekt der Unverlierbarkeit der menschlichen Würde zum Ausdruck und ebenso der Respekt gegenüber verschiedenen Begründungen. Die Akzeptanz gilt auch gegenüber den Grenzen menschlicher Möglichkeiten in Gesundheitsberufen und des Lebens. Dabei geht es letztlich auch um eine Akzeptanz von grundsätzlichen Widersprüchen des Lebens sowie der Annahme von Hilfsbedürftigkeit, Angewiesenheit und des möglichen Verlustes der Kontrolle.

Nimmt man die Grundsätze aus den Leitlinien der Schweizer Nationalen Strategie Palliative Care, so stellen diese eine Konzentration auf das

---

[11]   Vgl. Johann Baptist Metz, Compassion. Zu einem Weltprogramm des Christentums im Zeitalter des Pluralismus der Religionen und Kulturen, in: ders./Lothar Kuld/Adolf Weissbrod (Hg.), Compassion. Weltprogramm des Christentums. Soziale Verantwortung lernen, Freiburg i.Br. 2000, 9–18.

[12]   Bundesamt für Gesundheit (BAG)/Schweizerische Konferenz der kantonalen Gesundheitsdirektorinnen und -direktoren (GDK), Nationale Leitlinien Palliative Care, Bern 2010, 9f (www.bag.admin.ch/themen/medizin/06082/13915/index.html?lang=de, Zugriff am 16.06.2013); vgl. auch Schweizerische Akademie der Medizinischen Wissenschaften (SAMW), Palliative Care. Medizinisch-ethische Richtlinien und Empfehlungen, 2006, aktualisiert 2013 (www.samw.ch, Zugriff am 16.06.2013); vgl. Bundesverfassung der Schweizerischen Eidgenossenschaft, Art. 7: «Die Würde des Menschen ist zu achten und zu schützen.»

[13]   BAG/GDK, Leitlinien, 10.

Wesentliche dar. An oberster Stelle steht die «Gleichbehandlung aller Menschen»[14]. Als weitere Prinzipien werden die interprofessionelle Vernetzung und Kontinuität, die offene und angemessene Kommunikation, die Unterstützung bei Entscheidungsprozessen, der Einbezug des persönlichen Umfelds sowie die Multidimensionalität genannt. Für die offene und angemessene Kommunikation mit dem kranken Menschen und auf seinen Wunsch hin auch mit seinen Bezugspersonen werden die Tugenden Empathie, Aufmerksamkeit und Wahrhaftigkeit als Grundvoraussetzungen betrachtet. In der Beschreibung der spirituellen Begleitung wird deutlich, dass Spiritualität auch eine ethische Dimension hat: «Die spirituelle Begleitung leistet einen Beitrag zur Förderung der subjektiven Lebensqualität und zur Wahrung der Personenwürde angesichts von Krankheit, Leiden und Tod. Dazu begleitet sie die Menschen in ihren existenziellen, spirituellen und religiösen Bedürfnissen auf der Suche nach Lebenssinn, Lebensdeutung und Lebensvergewisserung sowie bei der Krisenbewältigung. Sie tut dies in einer Art, die auf die Biografie und das persönliche Werte- und Glaubenssystem Bezug nimmt. Dies setzt voraus, dass die existenziellen, spirituellen und religiösen Bedürfnisse der Beteiligten erfasst werden. Interventionen und der Zugang zu adäquaten Angeboten im Bereich der spirituellen Begleitung sind in regelmässigen Abständen im interprofessionellen Team zu thematisieren und die Kontinuität der Begleitung ist zu gewährleisten.»[15]

Von den von der WHO formulierten Grundsätzen sollen hier zwei erwähnt werden: «Palliative Care bejaht das Leben und betrachtet Sterben als einen normalen Prozess. Weder beschleunigt Palliative Care den Tod noch verzögert sie ihn.»[16] Sie beinhalten den individuellen, persönlichen Weg im Sterben eines Menschen. Darin kommt auch der Wert des «Wartens auf den Tod»[17] zum Ausdruck. Dieser Wert ist für viele Menschen, sowohl für Sterbende als auch für jene, die ihn begleiten, von Bedeutung. Wie lange jemand warten kann und wieweit sich in dieser Zeit Wesentliches in der Biografie ereignet, ergibt sich aus der persönlichen Lebensgeschichte. Ebenso ist es wichtig, gerade für die ethische

---

[14] BAG/GDK, Leitlinien, 11.

[15] BAG/GDK, Leitlinien, 14.

[16] World Health Organization (WHO), Definition of Palliative Care, 2002 (www.who.int/cancer/palliative/definition/en, Zugriff am 16.06.2013).

[17] Johannes Fischer, Medizin- und bioethische Perspektiven. Beiträge zur Urteilsbildung im Bereich von Medizin und Biologie, Zürich 2002, 126.

Beurteilung einer indirekt aktiven Sterbehilfe mittels des Doppelwir-
kungsprinzips, dass die Palliative Care grundsätzlich von einem Tötungs-
verbot ausgeht.[18]

2.4   Theologische Aspekte

2.4.1 Der barmherzige Samariter

Als theologische Grundlegung für das Handeln in der Medizin und Palliative Care drängt sich die Erzählung des barmherzigen Samariters aus
dem Lukasevangelium (Lk 10,25–37) auf.[19] Sie ist nicht nur TheologIn-
nen, sondern auch in medizinischen und ethischen Kreisen gut bekannt.

Formal exegetisch betrachtet folgt die Erzählung einem Gespräch zwischen einem Schriftgelehrten und Jesus. Es geht um die Fragen: Was
muss ich tun, um zu leben, und wer ist mein Nächster bzw. wer ist meinem Nächsten, dem in Not geratenen Menschen, zum Nächsten geworden? Die Antworten liegen im umfassenden Liebesgebot aus Dtn 6,5
und im damit zusammenhängenden Gebot der Nächstenliebe aus
Lev 19,18. Das Verb handeln bzw. tun steht im Vordergrund («Handle
barmherzig», – das führt zum «Leben»). Sind rein formal die Personen
und ihre zwischenmenschlichen Interaktionen im Blick, so steht der
Überfallene, der in Not geratene Mensch im Mittelpunkt. Er kommt
viermal, der Samaritaner zweimal vor.

Der Zusammenzug von Gottes- und Nächstenliebe bezeugt, wie das
in der Gottesliebe sich ausdrückende Beziehungsgeschehen die Weiter-
gabe an den Nächsten impliziert. Diese intuitive Erkenntnis gilt es umzusetzen. Allen Beteiligten haftet die Zufälligkeit der Situation an. Während, ohne Gründe zu nennen, der Priester und Levit an dem Überfalle-
nen vorbeigehen, unterbricht der Samaritaner seinen Weg. Er wendet
sich dem in Not geratenen Menschen zu, motiviert durch sein Mitleid
und Erbarmen. Er schaut hin, nicht weg, unabhängig von dessen Her-

---

[18] Vgl. dazu Siegmann-Würth, Ethik, 132–142; Markus Zimmermann-Acklin, Das
      Doppelwirkungsprinzip und seine Bedeutung für intensivmedizinische Dilemmaent-
      scheidungen, Bioethica Forum 40, 2004, 2–8. Das Doppelwirkungsprinzip dient der
      ethischen Beurteilung bei moralischen Dilemmasituationen, in denen bei Entschei-
      dungen am Lebensende mittels einer Intervention das Wohl des Patienten gefördert
      werden möchte, gleichzeitig aber auch das Risiko einer Lebensverkürzung oder Tö-
      tung eingegangen wird.

[19] Vgl. dazu ausführlich Siegmann-Würth, Ethik, 47–73.

kunft, Stellung oder den sich ergebenden Erfordernissen. Nach einer Erstversorgung nimmt er den Bedürftigen mit zum nächsten Gasthof und kümmert sich um die weitere Betreuung. In seinem Fall schliesst dies die Begleichung der Kosten ein. Sobald er es verantworten kann, gibt er die Hilfe ab. Im Gasthof kann ein erster Ansatz von Institutionalisierung gesehen werden.

2.4.2 Verhältnis zur Medizin und Palliative Care

Die Situation des Helfens für Menschen in Not und Leid gehört zur Medizin im Ganzen. Dass dabei der in Not geratene Mensch im Mittelpunkt steht, entspricht sowohl dem zentralen Anliegen der Palliative Care wie auch der Ethik in der Medizin. Auch wenn im Zuge der Institutionalisierung eine gewisse Spontaneität im Helfen abhandengekommen ist, spielt diese für die immer wieder neue Einzelfallsituation in der Begegnung mit dem Patienten eine wichtige Rolle, wie auch für das ehrenamtliche Engagement. Für die für jeden Kontakt, jedes Gespräch notwendige Empathie, um das individuelle Leiden der Patienten erfassen zu können, bedarf es einer entsprechend offenen, aufmerksamen Haltung. Zur Empathie gehört auch, dass sich der Betreuende wieder aus der Beziehung herausnehmen kann.

Der Grundsatz, zum Nächsten zu werden, geht in der Palliative Care einher mit der im Zentrum stehenden Optik vom leidenden oder sterbenden Menschen. Seine Person, seine «Autorität im Leiden» (in Anlehnung an Johann Baptist Metz und sein Programm der «Compassion»), seine Bedürfnisse, seine Prioritäten haben eine handlungsleitende Funktion für das, was ihm bei den gegebenen Umständen bestmögliches Leben erschliesst. Die conditio humana macht aus jedem von uns potenziell Betroffene. Deshalb ist es einleuchtend, dass die Zugewandtheit und Hilfeleistung jedem Menschen, unabhängig von seiner Religion, seiner Herkunft, seinem sozialen Stand, Alter oder seiner Selbstverschuldung zukommt. Beides, Hilfsbereitschaft und Hilfsbedürftigkeit, stellen allgemein menschliche Phänomene dar.[20]

Der Grundsatz der koordinierten Palliative Care bzw. Hilfeleistung ist auch in der Beispielerzählung angedeutet. Neben der Fachkompetenz stehen eine mitmenschliche Haltung der Betreuenden und ihr Handeln

---

[20] Vgl. Ulrich H. J. Körtner, Ethik im Krankenhaus. Diakonie – Seelsorge – Medizin, Göttingen 2007, 26.

zum Wohle des Leidenden im Vordergrund. Mit dem Rollenverhalten des Priesters und Leviten im Hintergrund kann dies für die Caregivers in der heutigen Medizin bedeuten, sich nicht gegenüber den Bedürfnissen der Patienten zu verschliessen, sondern zuerst hinzusehen und hinzuhören, um wahrzunehmen, was der Patient oder die Patientin als Mensch und Person benötigt und was ihr gut tut. Weil Menschen in ihrem mitmenschlichen Handeln versagen können, bietet die Institutionalisierung die grösste Gewähr für eine notwendige Hilfe.

2.4.3 Das Gebot der Nächstenliebe

Das Gebot der Nächstenliebe gehört zum Kern der christlichen Moral, ist aber nicht auf das Christentum beschränkt. Formal folgt es der Goldenen Regel, die wir auch im Lukasevangelium (Lk 6,31) finden. Ohne inhaltlich konkret zu werden, beschreibt die Goldene Regel ein moralisches Prinzip, das einen Anspruch an die eigene Person richtet, wie sie sich gegenüber dem Anderen verhalten soll. Es geht ihr um den Schutz und die Entfaltungsmöglichkeiten der eigenen Interessen und Freiheiten, aber nicht auf Kosten des Anderen. Sie zielt auf ein geordnetes Miteinander an der Grenze zwischen Individuum und Gemeinschaft und beruht auf Wechselseitigkeit des Handelns. Bei Lukas zielt die Goldene Regel auf die Barmherzigkeit: «Seid barmherzig, wie es auch euer Vater ist!» (Lk 6,36)

Obwohl es kein spezifisch christliches Ethos des Helfens gibt, vermag das Gleichnis zum Weltgericht (vgl. Mt 25,31–46) eine christliche Wahrnehmung und moralische Intuition für ein Ethos des Helfens zu bilden. Das Bild Christi im Hilfsbedürftigen kann einerseits auffordern hinzuschauen und den Hilfsbedürftigen zu begleiten. Andererseits gibt es auch die Grenze an: Den Leidenden nicht erlösen zu können und auch nicht über die eigenen Massen hinaus sich zu verausgaben.[21] Mit dem Bild von der Begegnung mit Christus im Hilfsbedürftigen wird diesem Menschen auch Respekt, Würde und Achtung zugesprochen, aber auch Hoffnung, sogar in grösster Abhängigkeit, Verlassenheit und Erbärmlichkeit. So wird der Hilfsbedürftige in der asymmetrischen Beziehung geschützt und gestärkt.

---

[21] Vgl. Körtner, Ethik, 47–51.

2.4.4 Die christlichen Tugenden

Die Erzählung vom barmherzigen Samariter ist zur Hauptsache dem individual- und tugendethischen Bereich zuzuordnen. Mit der Tugendethik ist die handelnde Person angesprochen. Philosophisch gesehen, erwirbt sie sich durch Übung eine Lebenshaltung, mit der sie aus innerer Freiheit und Entschlossenheit heraus das sittlich Gute verfolgt.[22]

Die Liebe zählt neben Glaube und Hoffnung (vgl. 1Kor 12–13) zu den drei theologischen Tugenden. Sie sind auf das Wirken des Geistes zurückzuführen und dementsprechend nicht gleichermassen wie die klassischen philosophischen Tugenden einzuüben. Als Ausdruck einer Glaubenserfahrung und Entscheidung für eine bestimmte Orientierung der Lebensführung sind sie ein Stück weit auch Geschenk, theologisch gesprochen Gnade Gottes, und haben einen bestimmten symbolischen Gehalt.[23]

2.4.5 Die christliche Soziallehre mit ihren Prinzipien

Individual- und Sozialethik sind miteinander verstrickt. Der einzelne Mensch ist immer auch in soziale Strukturen und Institutionen eingebunden. In der christlichen Sozialethik gehören die Prinzipien der Personalität, der Solidarität, Subsidiarität und Gerechtigkeit zum normativen Fundament eines gelingenden Lebens und Zusammenlebens der Menschen.[24] Im Begriff des Menschen als Person und Subjekt ist seine Mehrdimensionalität aufgehoben. In seiner Personalität und Beziehungsfähigkeit ist er auch moralisches Wesen und kann für seine Urteile, Entscheidungen und Handlungen Verantwortung übernehmen. Dies alles gibt ihm einen unbedingten, unverfügbaren Wert, der im Begriff der Würde gefasst werden kann. Die Solidarität bringt zum Ausdruck, dass Menschen in der Not, in ihren menschlichen Bedürfnissen und Fähigkeiten füreinander Sorge tragen. Als Menschen sitzen sie letztlich alle im glei-

---

[22] Vgl. Otfried Höffe, Art. ‹Tugend›, in: ders. (Hg.), Lexikon der Ethik, München [6]2002, 267–270.

[23] Vgl. dazu z. B. Johannes Fischer, Theologische Ethik als Auslegung des christlichen Ethos, in: Adrian Holderegger et al. (Hg.), Theologie und biomedizinische Ethik. Grundlagen und Konkretionen, Freiburg Schweiz/Freiburg i.Br./Wien 2002, 152–172.

[24] Vgl. dazu Arno Anzenbacher, Christliche Sozialethik. Einführung und Prinzipien, Paderborn 1997; Marianne Heimbach-Steins, (Hg.), Christliche Sozialethik. Ein Lehrbuch, Bd. 1, Regensburg 2004.

chen Boot. Die Solidarität ist sowohl in Form der Tugend als auch als
Prinzip in der ethischen Reflexion relevant. Solidarität kann als modernes
Wort für Nächstenliebe betrachtet werden. Da es immer Menschen gibt,
die auf mehr Hilfe angewiesen sind als andere, soll gemäss der Subsidia-
rität die übergeordnete Institution Hilfe leisten, wo es nötig ist. Es geht
hier grundsätzlich um eine Hilfe zur Selbsthilfe, um Empowerment. In
seelsorgerlicher Hinsicht bedeutet dies auch eine Ermächtigung für den
Kranken und Sterbenden, den eigenen Lebens- und Glaubensweg bis
zuletzt gehen zu können. Das Prinzip der Gerechtigkeit wird als soziales
Prinzip verstanden, in dem die Kriterien der Personalität, Solidarität und
Subsidiarität gelten. Verbindungen zur Funktion der Medizin und dem
Handeln in der Palliative Care sind in all diesen sozialethischen Prinzipien und Begriffen gegeben.

2.5   Medizinische Ethik

2.5.1 Tugendethische Aspekte
In einem Handlungsfeld wie es die Medizin ist, sind für die alltägliche
Behandlung und Betreuung der kranken und sterbenden Menschen Einstellungen und Haltungen, wie sie in der Tugendethik reflektiert werden,
unabdingbar, um den einzelnen und einzigartigen konkreten Situationen
zwischenmenschlicher Begegnung gerecht zu werden. In der Medizinethik werden verschiedene Tugenden genannt. So beschreiben z. B. Pel-
legrino und Thomasma acht Tugenden: Vertrauenswürdigkeit, Mitleid,
Klugheit oder Urteilskraft, Gerechtigkeit, Tapferkeit, Mass, Integrität
und Selbstlosigkeit.[25]
    Die Tugendethik hat in der Medizin auch ihre Grenzen. Tugendhafte
Einstellungen können die Akteure für eine gute Handlung prädisponie-
ren. Trotzdem ist es notwendig, die Handlung selbst moralisch zu evalu-
ieren. So kann auch eine tugendhafte Person falsch handeln.

2.5.2 Die vier bioethischen Prinzipien
Vor dem Hintergrund moderner, pluralistischer Gesellschaften und angesichts der komplexen medizinischen Situationen ist die Medizin und

---

[25]   Zitiert nach Markus Zimmermann-Acklin, Tugendethische Ansätze in der Bioethik,
       in: Marcus Düwell/Klaus Steigleder (Hg.), Bioethik. Eine Einführung, Frankfurt/M.
       2003, 203–205.

Palliative Care heute wesentlich auf eine angemessene und sinnvolle Anwendung von Prinzipien angewiesen. Prinzipien haben ein grosses Potenzial verallgemeinerungsfähig zu sein. Zusammen mit ihrer inhaltlichen Offenheit taugen sie am besten dazu, als Leitlinien für die immer wieder neu sich stellenden, konkreten ethischen Entscheidungssituationen zu dienen.

Im medizinischen Praxisalltag von Forschung und Klinik haben sich die sogenannten vier bioethischen Prinzipien, auch mittlere Prinzipien genannt, durchgesetzt. Sie gehen auf den pragmatischen Ansatz von Beauchamp und Childress zurück.[26] Der Prinzipienansatz gründet weder in einer gänzlich abstrakten Theorie oder in einem absoluten, höchsten Prinzip noch im konkreten Kontext. Die vier bioethischen Prinzipien verstehen sich nicht absolut, sondern als grundlegende Standards, die prima facie alle gleichermassen gelten. Keines hat Vorrang, auch nicht das Prinzip des Respektes vor der Autonomie, wie dem Ansatz oft vorgeworfen wird. Sie dienen sowohl als analytisches Instrument als auch als Leitlinien für weitere Kriterien und Regeln, um zu einer ethisch vertretbaren, konkreten Problemlösung zu kommen.

Beauchamp und Childress entziehen sich einer theoretischen Letztbegründung ihres Ansatzes. Sie greifen auf die Erfahrung zurück, die aufzeigt, dass die vier bioethischen Prinzipienkategorien aus der *common morality* stammen. Darunter verstehen sie jene gelebte Moral, die alle moralisch seriösen und vernünftigen Menschen teilen und als Bestandteil ihres Allgemeinwissens anerkennen. Die *common morality* enthält universale Normen, die für jeden Menschen an jedem Ort verbindlich gelten. Zu ihr gehören neben Prinzipien und Normen wesentlich auch Pflichten und Tugenden. Beauchamp und Childress lehnen sich an den von John Rawls beschriebenen *overlapping consensus* an.[27] Die vier Prinzipien sind insofern vergleichbar mit den wohlüberlegten Urteilen als Ausdruck von moralischen Überzeugungen, in die wir höchstes Vertrauen setzen und von denen wir glauben, am wenigsten voreingenommen zu sein. Mit dem methodischen Modell des Überlegungsgleichgewichts wird versucht, eine Kohärenz bzw. ein reflexives Gleichgewicht herzustellen zwischen

---

[26]   Tom L. Beauchamp/ James F. Childress, Principles of Biomedical Ethics. Fifth Edition, New York/Oxford 2001.

[27]   Vgl. John Rawls, Politischer Liberalismus, Frankfurt/M. 2003.

intuitiv begründeten, wohlüberlegten moralischen Urteilen im praktischen Alltag und Erkenntnissen aus theoretischen Überlegungen.[28]

Die vier bioethischen Prinzipien sind a) das Prinzip des Respektes vor
der Autonomie. Darunter fallen die Stichworte des *informed consent*,
informed refusal und *surrogate decision-making*, die stellvertretende Entscheidungsfindung im mutmasslichen Willen des Patienten bei dessen
Urteilsunfähigkeit. Mit dem Begriff Respekt wird die grundsätzliche
Fähigkeit des Menschen, seinen Willen zu äussern, Entscheidungen zu
treffen und die Verantwortung zu übernehmen, zum Ausdruck gebracht.
Damit kommt es auch in die Nähe des Respekts vor einer unverlierbaren,
mit dem Menschsein mitgegebenen Würde. Beauchamp und Childress
unterscheiden zwischen b) dem Prinzip des Nichtschadens und c) dem
Prinzip des Wohltuns. Sie werden getrennt behandelt, da das Prinzip des
Nichtschadens mit seinem negativen Gehalt die Verbote (z. B. nicht zu
töten oder kein Leiden zuzufügen) zum Ausdruck bringt, während das
Prinzip des Wohltuns die positiven Verpflichtungen des Helfens beinhaltet. Letzteres umfasst die positiven Gebote, anderen zu helfen und
sich für ihr Wohl einzusetzen. Dabei geht es insbesondere um jene
Handlungen, die anderen dazu verhelfen, ihre bedeutenden und legiti-
men Interessen wahrzunehmen. Einerseits beinhaltet es das Gebot, das
Gute zu tun (*positive beneficience*), und andererseits das Gebot, den ge-
samthaften Nutzen beziehungsweise den Gewinn zu befördern (*utility*).
Die Verantwortlichen sollen Wirkungen und Nebenwirkungen, Vor-
und Nachteile, Chancen und Risiken, Kosten und Nutzen einer Handlung abwägen, und jene Option wählen, die das beste Resultat, das
grösste Wohl, bringt. Beim d) Prinzip der Gerechtigkeit ist die Frage
nach der Gerechtigkeit im Zusammenhang mit dem Zugang zur Ge-
sundheitsversorgung und den steigenden Kosten im Gesundheitswesen
zentral. Es geht vor allem um Fairness und darum, dass jeder und jede
das erhält, worauf er oder sie einen berechtigten Anspruch hat, wie z. B.
den Anspruch auf eine bestmögliche medizinische Versorgung und
Palliative Care für die Menschen, die es brauchen.

Der Ansatz von Beauchamp und Childress weist verschiedene Vor-
und Nachteile auf.[29] Sowohl von Vertretern deduktiver wie induktiver
Ethiktheorien kam ihm Kritik entgegen. Beauchamp und Childress rea-

---

28 Vgl. Beauchamp/Childress, Principles, 397–401.
29 Vgl. dazu Siegmann-Würth, Ethik, 89–91.

gierten darauf, indem sie ihren Ansatz weiterentwickelten. Ihrer Ansicht nach sind die Prinzipien gut vereinbar mit kasuistischen Ansätzen, aber auch anderen normativen Ansätzen. Sie betonten die Bedeutung der Tugenden. So korrespondierten viele Prinzipien, seien sie verinnerlicht, mit entsprechenden Tugenden.[30]

Für den medizinisch praktischen Alltag bedeutend ist, dass eine sinnvolle und angemessene Anwendung der Prinzipien immer mit moralischen Intuitionen, beruflichen Erfahrungen und Sachkenntnissen verbunden ist. So wie die medizinische Ethik keine Sonderethik darstellt, sondern Aspekte einer allgemeinen Moral unter Berücksichtigung besonderer Sachgegebenheiten vertritt,[31] bedarf es auch keiner Sonderethik für die Palliative Care. Wesentlich ist es, eine palliative Situation zu erkennen.

2.5.3 Medizinisch-ethische Richtlinien und Empfehlungen zur Palliative Care

Die Schweizerische Akademie der Medizinischen Wissenschaften (SAMW) hat 2006 Richtlinien und Empfehlungen zur Palliative Care herausgegeben, die 2013 aktualisiert wurden.[32] Sie sind für die Schweizerischen ÄrztInnen verbindlich, da sie in die Standesordnung der Verbindung der Schweizer Ärztinnen und Ärzte (FMH) aufgenommen wurden. Als Empfehlungen richten sie sich an die Institutionen des Gesundheitswesens, der Aus-, Weiter- und Fortbildung sowie an politische Instanzen und Kostenträger.

Das Ziel der Richtlinien ist, zu einer «Haltung zu ermutigen, welche die Grenzen der Medizin anerkennt und sich dem Sterben des Patienten und dem häufig anklingenden Gefühl der Hilflosigkeit stellt»[33]. Die Achtung der Autonomie und Würde stellen grundlegende Werte dar. Palliative Care soll jedem Menschen, der sie benötigt, angeboten werden können, möglichst an dem Ort, den er sich wünscht. Die Finanzierung ist aus Gründen der Solidarität sozialverträglich zu gewährleisten. Hervorzuheben ist das Eingehen auf Missverständnisse, überhöhte Erwartungen

---

[30] Vgl. Tom L. Beauchamp/David DeGrazia, Principles and Principlism, in: George Khushf (Hg.), Handbook of Bioethics. Taking stock of the field from a philosophical perspective, Dordrecht/Boston/London 2004, 55–74; Beauchamp/Childress, Principles.

[31] Höffe, Medizinische Ethik, 160.

[32] Vgl. SAMW, Palliative Care.

[33] Ebd., Präambel.

und Gefahren im Zusammenhang mit der Palliative Care (z. B. dass
Palliative Care ausschliesslich an Spezialisten delegiert wird oder dass in
jedem Fall mit der Palliative Care der Wunsch nach einer Beihilfe zum
Suizid oder einer Tötung auf Verlangen gestillt werde).

3. Ethik und Seelsorge im medizinischen Umfeld

Medizin und Theologie sind praktische Wissenschaften und stehen im
Dienste des Menschen als Person, insbesondere in Krankheit, Leiden,
Sterben und Tod. Ebenso zielt die Ethik als praktische Philosophie letzt-
lich auf ein geordnetes und für das Leben der Menschen gutes Handeln.
Die Palliative Care schliesst die spirituelle Unterstützung explizit mit ein.
Die spirituelle Dimension des Menschseins wird dabei auch als gesunde
und hilfreiche Ressource wahrgenommen. Spiritualität hat mit Sinn und
Identität zu tun. Mit dem darin sich findenden Wort spiritus kann sie als
der Geist, der Lebensatem oder die Einstellung beschrieben werden, mit
dem der Mensch auf die Widerfahrnisse des Lebens reagiert oder nach
einer Antwort sucht.[34] Diese Widerfahrnisse des Lebens lassen den Menschen seine Begrenztheit, seine existenzielle Unsicherheit, bewusst werden. Letztlich bedeutet Spiritualität, sich in einem grösseren Zusammenhang aufgehoben zu wissen, welcher dem Leben im Alltag Sinn gibt.
Indem Sinn mit Erfahrung und Suche nach den Zusammenhängen,
gerade auch in den Lebensbrüchen, zu tun hat, ist die «Spiritualität die
Beziehungsgestaltung zu diesem Sinn»[35], die Art und Weise, wie der
Mensch Sinn sucht, erfährt und wie er seine Antwort auf den Sinn des
Lebens bewertet. Darin enthalten ist, worauf er seine Hoffnung setzt, was
ihn freut, worauf er vertraut, woran er verzweifelt, wo er sich trostlos und
einsam fühlt. Spiritualität als Ausdruck von Ganzheitlichkeit und Authentizität ist in den gesamten Lebensentwurf eines Menschen eingebunden. Indem sie einen innersten Werte- und Beweggrund darstellt, ist sie
in allen Lebensäusserungen eines Menschen gegenwärtig und mitbe-

---

[34]   Vgl. Erhard Weiher, Spirituelle Begleitung in der Palliativmedizin, in: Eberhard Aul-
       bert/Friedemann Nauck/Lukas Radbruch (Hg.), Lehrbuch der Palliativmedizin,
       Stuttgart ²2007, 1181–1205, 1182.
[35]   Erhard Weiher, Mehr als Begleiten. Ein neues Profil für die Seelsorge im Raum von
       Medizin und Pflege, Mainz ²2001, 62.

stimmend. Damit beeinflusst sie hintergründig auch moralische Einstellungen und Urteile sowie ethische Entscheidungen.[36]

Glaube als Vertrauen in die gesunden und heilsamen Ressourcen des Menschen und die spirituelle Dimension des Menschseins, zusammen mit der Liebe als menschlich verbindende Haltung der Fürsorge und des Helfens sowie der Hoffnung als «spirituellen Begleiter medizinischen Handelns»[37] stellen wertvolle Tugenden in der Palliative Care dar. So wie die medizinischen Tugenden und die vier bioethischen Prinzipien auch für die christliche (Spital-)Seelsorge gelten, haben auch die Prinzipien der christlichen Soziallehre ihre Bedeutung für die Medizin und Palliative Care. So stellt die Fürsorge eine Kernaufgabe der Seelsorge dar und im Respekt vor der Autonomie wird in der christlichen Seelsorge immer auch der Beziehungs- und Geschenkcharakter mitgedacht. Die Ethik in der Palliative Care wie auch die theologische Ethik und Seelsorge schützen eine mit dem Menschsein mitgegebene unverlierbare und unteilbare Menschenwürde.

«Unterbrechung» ist nach Johann Baptist Metz die kürzeste Definition von Religion. Auch in der Medizin und gerade in der Palliative Care sind je nach Situation ein Innehalten und die Unterbrechung der Alltagsroutine das beste und angemessenste Handeln. Sie gibt Raum und Zeit für eine bewusste Auseinandersetzung mit allem Gegebenen und Gewünschten. Manchmal geht es für den Kranken oder Sterbenden auch nur darum, für ihn präsent zu sein, mit ihm Leid auszuhalten und Anteil zu nehmen. In einer Haltung der inneren Stabilität, Aufmerksamkeit und Unanfechtbarkeit, aber auch der Hingabe, wie sie in der Tugend der Gelassenheit[38] zum Ausdruck kommt, kann Wesentliches, ja Entscheidendes geschehen und können sich persönliche Vollendung, Ganzheitlichkeit und Leben erfüllen.

---

[36] Vgl. Erhard Weiher, Das Geheimnis des Lebens berühren. Spiritualität bei Krankheit, Sterben, Tod. Eine Grammatik für Helfende, Stuttgart 2008.

[37] H. Christof Müller-Busch/ Eberhard Aulbert, Ethische Probleme in der Lebensendphase, in: Eberhard Aulbert/Friedemann Nauck/Lukas Radbruch (Hg.), Lehrbuch der Palliativmedizin, Stuttgart ²2007, 46–63, 59–60.

[38] Vgl. Maio, Mittelpunkt, 367–369.

Herausforderung Seelsorge

Manfred Belok

Das, was mit dem Begriff der Seelsorge inhaltlich gemeint ist, was alles mit diesem Begriff verbunden wird und welche Bedeutungsvielfalt ihm innewohnt, ist ein weites Feld und keineswegs eindeutig. Auch ist Seelsorge nicht von anderen, benachbarten Handlungsfeldern, die sich ebenfalls mit der «Seele» des Menschen und seinen seelischen Nöten, befassen, wie etwa die Psychologie und Psychotherapie, klar abzugrenzen. Wohl lässt das Spektrum von Seelsorge-Vorstellungen Seelsorge-Profile erkennen, denen sich immer wieder neu fragend und suchend in Schritten anzunähern lohnt, gerade auch im Diskurs mit der Psychologie und Psychotherapie. Denn Seelsorge gehört zum «Kerngeschäft» der Kirche. Zu Recht erinnert daher auf katholischer Seite Karl Lehmann daran: «Seelsorge beleibt eine einzigartige, ja die erste und vornehmste Aufgabe der Kirche, die ihr von niemandem sonst abgenommen werden kann. Ihre Sendung steht und fällt mit diesem Auftrag.»[1] Ähnlich formuliert es von evangelischer Seite zum einen Jürgen Ziemer: «Die Kirche der Zukunft kann ich mir nur als eine Kirche der Seelsorge vorstellen. Seelsorge wird jedenfalls zu ihren Basisaufgaben gehören. An ihrer Erfüllung oder Nichterfüllung wird für mich, menschlich gesprochen, das Schicksal der Kirche entschieden.»[2] Und Petra Bosse-Huber bezeichnet Seelsorge als die «Muttersprache der Kirche» und meint zu Recht: «Nur durch die Qualität ihrer Seelsorge kann die Kirche noch überzeugen.»[3]

---

[1] Karl Lehmann, Seelsorge als Aufgabe der Kirche, Lebendige Seelsorge 41, 1990, 48–53, 52.

[2] Jürgen Ziemer, Podiumsdiskussion: Seelsorge und ihre Bedeutung für die Zukunft, in: Christoph Schneider-Harpprecht (Hg.), Zukunftsperspektiven für Seelsorge und Beratung, Neukirchen 2000, 127–133, 129.

[3] Petra Bosse-Huber, Seelsorge – die «Muttersprache» der Kirche, in: Anja Kramer/Freimut Schirrmacher (Hg.), Seelsorgliche Kirche im 21. Jahrhundert. Modelle, Konzepte, Perspektiven. Neukirchen 2005, 11–17, 17.

1. Eine erste Annäherung: Was ist Seelsorge?

Wenn es im Kontext der Tagung *Palliative und Spiritual Care* vor allem darum geht, medizinische und theologische Perspektiven miteinander in den Blick zu nehmen und produktiv aufeinander zu beziehen, dann kann eine professionsbezogene und berufspolitische Kompetenzabgrenzung nicht das Ziel sein. Vielmehr gilt es, die einander ergänzenden Aspekte von Seelsorge und Medizin, etwa im Zu- und Miteinander von Psychologie, Psychotherapie und Pastoralpsychologie, der Wiedergewinnung bzw. Erhaltung seelischer Gesundheit[4] deutlicher wahrzunehmen. Hörte man früher von medizinischer Seite bisweilen als Vorwurf an die Religion: «Glaube macht krank», so wird heute zunehmend die heilende Kraft des Glaubens teils wieder-, teils neu entdeckt und gewürdigt: «Glaube macht gesund». Die Frage nach der gesundheitsfördernden Kraft von Religion und Glaube ist neben dem seelsorglichen und medizinischem Fachinteresse inzwischen auch zu einer Frage von gesundheitspolitischem und gesellschaftspolitischem Rang geworden. Bedeutsam sind die Erkenntnisse, wie sich der Glaube auf die Gesundheitserhaltung und -förderung auswirkt, wie Heil und Heilung zusammenhängen und wie Menschen so leben können, dass die gesundheitsfördernde Kraft des Glaubens in ihnen auch und gerade in Zeiten der Krankheit und letztlich auch im Sterbeprozess wirksam werden kann, vor allem für jeden bzw. jede, die als SeelsorgerIn oder als MedizinerIn um die seelische und leibliche, also ganzheitliche Gesundheit von Menschen besorgt ist.

Dass Seelsorge und Medizin zwei einander ergänzende Perspektiven darstellen, lässt sich am Beispiel der interprofessionellen Zusammenarbeit von Psychotherapie und Seelsorge gut veranschaulichen, wenn hier auch nur in einem kurzen Exkurs.[5]

---

[4] Vgl. Christoph Jacobs, Salutogenese, Würzburg 2000.
[5] Siehe ausführlicher: Manfred Belok, Die Spital- und Klinikseelsorge als Gesprächsseelsorge in einer religionspluralen Gesellschaft, in: ders. et al. (Hg.), Seelsorge in Palliative Care, Zürich 2012, 99–114.

1.1 «Gespräch mit religiöser Codierung» (Isolde Karle)

In der Spital- und Klinikseelsorge wird vor allem die Gesprächsseelsorge, in Anwendung der von Carl R. Rogers begründeten klientenzentrierten Gesprächspsychotherapie und seiner Basisvariablen Empathie, Wertschätzung und Kongruenz favorisiert. Beide, die Spital- und Klinikseelsorge wie die klientenzentrierte Gesprächspsychotherapie, verbindet die Sorge um den einen kranken und leidenden Menschen. In der jeweiligen Sicht vom Menschen gilt es, Gemeinsamkeiten, aber auch Unterschiede wahrzunehmen, in der Überzeugung, dass das Wissen darum der interprofessionellen Zusammenarbeit von Seelsorge und Psychotherapie zugutekommt. Hierfür muss allen Beteiligten der Grundauftrag und die theologische Grundausrichtung der Spital- und Klinikseelsorge bekannt sein und ebenso, wie sich diese in einer zunehmend religionspluralen Gesellschaft wie etwa der schweizerischen gestaltet. Umso besser, dass die Spital- und Klinikseelsorge sich ausdrücklich als Seelsorge «für alle» versteht, als offene, vorbehaltlose Zuwendung jedem kranken, leidenden und sterbenden Menschen gegenüber, ob gläubig oder nicht gläubig, ob religions- und konfessionsgebunden oder religions- und konfessionslos.

Psychologie und Psychotherapie – ihre Grundannahmen vom Menschen, ihre Wahrnehmung und Deutung seines Verhaltens und der ihm zugrundeliegenden psychischen Prozesse – sind heute integrierter Bestandteil jeder christlichen Seelsorgelehre.[6] Seelsorge und Psychotherapie sind im je eigenen Zugang um Gesundheit und Heilung des Menschen in seiner Leib-Seele-Geist-Einheit bemüht und wollen praktische Lebenshilfe leisten.

Dominierte bis zur Mitte des 20. Jahrhunderts in der Theologie der biblisch-theologische Ansatz, so erfolgte mit der Empirischen Wende in den 1960er Jahren in Gesellschaft und Theologie eine Öffnung für die Einsichten der Humanwissenschaften.[7] Dabei wurde in den 1970er Jah-

---

[6] Vgl. Isidor Baumgartner, Pastoralpsychologie. Einführung in die Praxis heilender Seelsorge, Düsseldorf 1990; Jürgen Ziemer, Seelsorgelehre. Eine Einführung für Studium und Praxis, Göttingen 2000.

[7] Zur Geschichte der Aufnahme von Psychologie und Psychotherapie in die Seelsorgelehre und –praxis anhand von drei psychologischen Hauptlinien Sigmund Freud (1856–1939), Carl Gustav Jung (1875–1961) und Carl Ransom Rogers (1902–1987) findet sich ein guter, kurzer Überblick bei: Holger Eschmann: Wie hältst du's mit der Psychotherapie? Zur Verhältnisbestimmung von Seelsorge und Psychothera-

ren die Humanistische Psychologie als neues psychologisches Paradigma für die Seelsorge bestimmend. Für die Spital- und Klinikseelsorge stellte vor allem die von Carl Ransom Rogers (1902–1987) begründete klientenzentrierte Gesprächspsychotherapie ein Instrumentarium bereit, um Seelsorge erlernen und überprüfen zu können. Die klientenzentrierte Gesprächspsychotherapie kam aus den USA über die Niederlande in die deutschsprachigen Länder und wurde als biblisch-therapeutische Seelsorge[8], als Gesprächsseelsorge[9], in Anwendung der von Carl R. Rogers entwickelten Basisvariablen Empathie (Mitfühlen, aber nicht Mitleiden), positive Wertschätzung (als Grundvoraussetzung für einen vertrauensvollen Umgang, aber nicht Zustimmung zu jeder Einzelhandlung der Person) sowie Echtheit/Kongruenz (sich nicht hinter der eigenen Rolle verstecken, sondern z. B. in der Rolle als Seelsorger, als Seelsorgerin authentisch als Person wahrnehmbar sein) Bestandteil der Seelsorgeausbildung, insbesondere in der Klinischen Seelsorgeausbildung (KSA) in Deutschland und als Clinical Pastoral Training (CPT)[10] in der Deutschschweiz. Die Praktische Theologie, genauer die Pastoralpsychologie, möchte die Denkansätze der verschiedensten psychologischen Richtungen sowie die Anwendung psychologischer und psychotherapeutischer Einsichten und Therapieformen für Theologie und Seelsorge fruchtbar machen, ohne sich dabei einer bestimmten psychologischen Schule zu verschreiben. Vielmehr greifen die verschiedenen Seelsorgekonzeptionen aus den unterschiedlichen Therapiekonzepten – etwa aus der personzentrierten Gesprächspsychotherapie, Verhaltenstherapie, Logotherapie, Systemischen Familientherapie, der Psychoanalyse – das auf, was ihrem Menschenbild und ihrer Gesamtkonzeption am nächsten kommt und

---

pie, Wege zum Menschen 61, 2009, 367–377. Siehe auch: Norbert Mette/Hermann Steinkamp: Sozialwissenschaften und Praktische Theologie, Düsseldorf 1983 sowie Doris Nauer, Seelsorge-Konzepte im Widerstreit. Ein Kompendium, Stuttgart et al. 2001.

[8]   Dietrich Stollberg prägte den Begriff «Therapeutische Seelsorge»; vgl. auch Manfred Seitz, Worum es geht, wenn wir «Seelsorge» sagen, P&S. Magazin für Psychotherapie und Seelsorge 1, 2011, 6–9.

[9]   Joachim Scharfenberg, Seelsorge als Gespräch. Zur Theorie und Praxis der seelsorgerlichen Gesprächsführung, Göttingen ⁵1991.

[10]   Zur Geschichte der Klinischen Seelsorgeausbildung (CPT) siehe: Brigitte Amrein, Entwicklung der Spitalseelsorge seit 1960, in: Rudolf Albisser/Adrian Loretan, Spitalseelsorge im Wandel, Zürich 2007, 23–28.

sich mit diesem verbinden lässt.[11] Die Spital- und Klinikseelsorge, wie die Seelsorge überhaupt, weiss sich in der Sorge um den ganzen Menschen also nicht allein auf sich gestellt, sondern sucht in der Zusammenarbeit mit der Psychologie und der Psychotherapie ihr eigenes spezifisches Potenzial von «Seelsorge als Gespräch mit religiöser Codierung»[12] einzubringen – in Wertschätzung für das, was die einzelnen Disziplinen der Humanwissenschaften von ihrem je eigenen Selbstverständnis her miteinander verbindet und trennt. Für die Identität der Seelsorgenden in der interprofessionellen Zusammenarbeit von Psychotherapie und Seelsorge ist dabei wichtig, worauf Daniel Hell, emeritierter Medizinischer Direktor an der Psychiatrischen Universitätsklinik Zürich, hinweist: «Psychotherapie und Seelsorge können gegenseitig umso besser miteinander umgehen, je klarer die jeweilige Position kommuniziert wird.»[13]

1.2 Zur interprofessionellen Zusammenarbeit von Psychotherapie und Seelsorge

Psychotherapie und Seelsorge können einander ergänzen, ohne die Unterschiede im Menschenbild und in den Ressourcen verwischen zu müssen. Die PatientInnen werden, so der Baseler Psychoanalytiker Udo Rauchfleisch, «ganzheitlich, mit ihren psychischen, sozialen und religiösen Anliegen wahrgenommen und erhalten Antworten in allen drei Bereichen». In interdisziplinären Fallbesprechungen können Seelsorgende wahrnehmen lernen, wie stark z. B. «die religiösen Vollzüge und Inhalte durch die Persönlichkeit der Patienten und ihrer spezifischen Störungen beeinflusst werden (z. B. Versündigungsideen Depressiver, religiöse Wahninhalte bei Schizophrenen)». PsychotherapeutInnen wiederum können «mehr über die existenziellen Sorgen und Nöte, aber auch über die religiösen Ressourcen ihrer Patienten erfahren. Gerade weil in weiten

---

[11] Vgl. Isidor Baumgartner, Pastoralpsychologie. Einführung in die Praxis heilender Seelsorge, Düsseldorf 1990.

[12] Isolde Karle, Perspektiven der Krankenhausseelsorge. Eine Auseinandersetzung mit dem Konzept des Spiritual Care, Wege zum Menschen 62, 2010, 537–555; vgl. Klaus Kießling (Hg.), Geistliche Begleitung. Beiträge aus Pastoralpsychologie und Spiritualität, Göttingen 2010; Lothar Riedel (Hg.), Couch oder Kirche. Psychotherapie und Religion – zwei mögliche Wege auf der Suche nach Sinn, Kempten 2001.

[13] Vgl. Daniel Hell, Die Identität der Seelsorgenden aus der Sicht des Psychiaters, in: Albisser/ Loretan (Hg.), Spitalseelsorge, 71–76.

Kreisen der Psychotherapeuten ein religiöses Tabu herrscht, fehlt es vielen Fachleuten dieses Bereichs an der nötigen Sensibilität, um die Bedeutung der religiösen Dimension richtig einschätzen und damit angemessen umgehen zu können.»[14]

1.3   Das christliche Menschenbild im Vergleich mit jenem der Gesprächspsychotherapie

Die Bedeutung der Gesprächspsychotherapie Carl R. Rogers' für die Seelsorgelehre und-praxis ist unbestritten. Sie liegt in ihrer (Wieder-) Entdeckung der urchristlichen Haltung der bedingungslosen Annahme eines jeden Menschen, für die Rogers ein differenziertes und praxisorientiertes Instrumentarium entwickelt hat. In der Anwendung seiner Basisvariablen Empathie, Wertschätzung und Echtheit wird es den Seelsorgenden möglich, von diesem empathischen Gott, der jeden Menschen – vor aller Leistung und trotz aller Schuld – annimmt, nicht nur zu reden, sondern ihn glaubwürdig erfahrbar werden zu lassen.

Eine gewichtige Differenz zeigt sich allerdings im Bild vom Menschen. Während Rogers vom optimistischen Grundaxiom ausgeht, dass der Mensch von Natur aus durch und durch gut sei, sieht die christliche Anthropologie den Menschen erbsündlich gebrochen. Zwar kennt auch sie einen Heilsoptimismus, der zeigt sich aber darin, dass er – im Gegensatz zu Rogers – von einer Schuldfähigkeit des Menschen ausgeht und zugleich davon, dass Gott den Menschen nicht in der Schuld belassen will, sondern ihn daraus erlösen wird. Das «Existential der Begnadetheit des Menschen», so Karl Rahner[15], der vielleicht grösste katholische Theologe des 20. Jahrhunderts, steht dabei über dem «Existential der radikalen Schuldbedrohtheit», während bei Rogers Schuld als Thema überhaupt nicht vorkommt, weder im Kontext des Begriffs vom Selbstkonzept noch des therapeutischen Prozesses. Während ChristenInnen also die Erlösung von Schuld von Gott her erwarten, gibt es bei Rogers eine Tendenz zur Selbsterlösung von Fehlentwicklungen im Sozialisationsprozess. Es ist daher zu fragen, ob das Verschweigen der Möglichkeit, dass

---

[14]   Udo Rauchfleisch, Wer sorgt für die Seele?, hier zitiert nach Michael Utsch, Psychotherapie und Seelsorge. Unterschiede zwischen wissenschaftlicher und weltanschaulicher Lebenshilfe, Berlin 2002, 28.

[15]   Zitiert nach Isidor Baumgartner, Pastoralpsychologie. Einführung in die Praxis heilender Seelsorge, Düsseldorf 1990, 478.

Menschen in Schuld sich nicht nur helfenden GesprächspartnerInnen, sondern auch dem Gott ihres Lebens zeigen und anvertrauen können, einen schwerwiegenden Verzicht auf Hilfemöglichkeiten darstellt. Eine der christlichen Sicht vom Menschen verpflichtete Seelsorge wird das wegen ihrer «Transzendenzarmut» verengte Menschenbild der Gesprächspsychotherapie daher unbedingt ergänzen wollen um die Vision vom «Menschen unter den Augen Gottes».

Die fehlende Eindeutigkeit im Begriff Seelsorge lässt sich, positiv betrachtet, mit Jürgen Ziemer auch so formulieren: «Kein Handlungsfeld der Praktischen Theologie verfügt über einen so offenen Horizont wie die Seelsorge – zwischen [...] Therapie, Freundesgespräch und Beichte, Glaubenshilfe und Lebensberatung.»[16] Folglich gibt es auch nicht «die» Seelsorge und «das» Seelsorgekonzept[17], vielmehr zeigt die Geschichte der Seelsorge in Theorie und Praxis, die Entwicklung der Seelsorgelehre und die Vielfalt praktischer Seelsorgeformen in Geschichte und Gegenwart, wie komplex und unterschiedlich, aber eben auch reichhaltig die christliche Seelsorge und das theologische Seelsorgeverständnis sind. Immer wieder ist das Bemühen, die Zuwendung Gottes zum einzelnen Menschen in seiner Einmaligkeit und Unverwechselbarkeit sichtbar und erfahrbar zu machen, das entscheidende Kriterium.

2. Noch einmal: Was ist Seelsorge?

SeelsorgerInnen sorgen sich per definitionem um die Seele des Menschen. «Seele» ist eine anthropologische Konstante. Es gehört zum menschlichen Sein, eine Seele zu haben. Das deutsche Wort Seelsorge besitzt kein hebräisches oder griechisches Äquivalent, kann somit nicht direkt aus der Heiligen Schrift abgeleitet werden und klingt zudem in den Ohren vieler ziemlich antiquiert. Geschichtlich liegt der Kombination der beiden Begriffe «Seele» und «Sorge» eine dualistische Vorstellung zugrunde: Sorge um die Seele eines Menschen hiess lange «Sorge um das Eigentliche» – es galt vor allem das Gute, Reine und Nicht-Leibliche ins Jenseits zu retten. Die Rückbesinnung auf die Bibel dagegen zeigt, dass das, was mit «Seele» aus jüdisch-christlicher Perspektive gemeint ist, im-

---

16 Jürgen Ziemer, Seelsorgelehre. Eine Einführung für Studium und Praxis, Göttingen 2000, 40.

17 Vgl. Nauer, Seelsorge-Konzepte.

mer nur in der Schnittmenge von «Leben», «Herz», «Psyche», «Selbst», «Person» und «Daseinsmitte» anzusiedeln und als Inbegriff des Lebens und der Lebendigkeit zu verstehen ist. «Seele» ist Synonym für den ganzen Menschen.

Mit Seel-Sorge ist daher die ganzheitliche Förderung eines Menschen gemeint – orientiert an seiner Bedürftigkeit. Seelsorge ist Begegnung, sie braucht und schafft ein persönliches Verhältnis und bewegt sich zwischen Beratung und Verkündigung, Diakonie und Mystagogie, individuellem Trost und politischem Anspruch, zwischen Heilung und Befreiung.

Zu fragen ist: Welche Herausforderungen stellen sich der Seelsorge heute? Wie sieht ein für postmoderne Menschen glaubwürdiges Seelsorgeverständnis aus, das im jüdisch-christlichen Gottes- und Menschenbild verwurzelt ist und Tradition und Gegenwartswissen miteinander zu verbinden vermag? Welche Ziele und Inhalte bestimmen die Seelsorge heute? An welchen Orten, in welchen Arbeitsfeldern und in welchen Organisationsformen geschieht Seelsorge heute? Welche Vielfalt an Seelsorgekonzepten gibt es? Welche Basisqualifikationen sind für Seelsorgende unverzichtbar und welche Anforderungen an das Rollen- und Kompetenzprofil von professionellen SeelsorgerInnen lassen sich benennen? Wer darf sich überhaupt Seelsorger bzw. Seelsorgerin nennen? Der Titel «Seelsorger» bzw. «Seelsorgerin» – und im Spital- und Klinikbereich der Titel «Spitalseelsorger» bzw. «Spitalseelsorgerin» – ist nicht geschützt. Vielmehr können sich heute «Spitalseelsorger » bzw. «Spitalseelsorgerin» nennen (lassen), die sich so verstehen, ohne dass dies von den Verbänden, die in den beiden grossen christlichen Kirchen der Schweiz die Interessen der hauptberuflichen und nebenamtlich tätigen SeelsorgerInnen in Spitälern, Kliniken und Heimen berufspolitisch vertreten[18], bisher verhindert werden kann, zum Beispiel durch ein nur von ihnen ausgestelltes und autorisiertes Zertifikat als fachlich qualifizierte Zugangs- und Einstellungberechtigung in Spitälern, Kliniken und Heimen.

---

[18]   Siehe die gemeinsame Homepage der evangelischen und katholischen Vereinigungen, die die in den Spitälern, Heimen und Kliniken der Deutschschweiz arbeitenden Seelsorgerinnen und Seelsorger vernetzt: www.spitalseelsorge.ch.

2.1 Basisqualifikationen einer Seelsorgerin/eines Seelsorgers

Neben der inhaltlichen, theologischen Ausbildung, der Vermittlung und dem Erwerb von praktisch-theologischer Fachkompetenz einer Seelsorgerin bzw. eines Seelsorgers geht es immer – und dies ist ein zentrales Anliegen der Pastoralpsychologie – auch um Persönlichkeitsbildung gerade jener Menschen, die die Seelsorge zu ihrem Beruf gemacht haben. Aus pastoralpsychologischer Perspektive gilt es daher, Ansatzpunkte für eine kirchliche Personalentwicklung, unverzichtbare Basisqualifikationen des Seelsorgers bzw. der Seelsorgerin zu benennen. Denn das entscheidende «Instrument» der Seelsorge ist die jeweils konkrete Person. Es gibt keine Seelsorge, die nur Inhalt ist. Die Person ist das Instrument, durch das der Inhalt erst klingt und wirkt. Positiv bedeutet dies: Manche Lücke in der Ausbildung, im Fachwissen fällt nicht so ins Gewicht für die gesamte Wirkung der Verkündigung. Umgekehrt gilt aber auch: Noch so brilliantes Wissen eines Seelsorgers bzw. einer Seelsorgerin allein kann fehlende Basisqualitäten, wie z. B. die soziale Kompetenz, nicht wettmachen. Erforderlich sind für Seelsorgende nach Hermann Stenger, emeritierter Theologe und Pastoralpsychologe aus Innsbruck, vor allem folgende drei Basisqualifikationen:

– *Die Fähigkeit, personbezogen zu kommunizieren.*
  Sie bedeutet, sich als SeelsorgerIn selbstkritisch beobachten und fragen zu können: Womit bin ich, wenn ich mit jemandem im Gespräch bin, beschäftigt: Mit der Überprüfung meiner Akzeptanz und Wirkung auf das Gegenüber? Mit der Vermittlung des eigenen Wissens? Mit der Anstrengung, nicht unterzugehen, nicht unsichtbar zu werden? Es geht um die Fähigkeit, die ganze Aufmerksamkeit auf die individuelle Person zu richten. Hermann Stenger spricht von einer «attentio», einer «Aufmerksamkeit, die sich fernhält von jedem auch noch so subtilen ‹Attentat›, wie es z. B. durch Indoktrinieren und Ideologisieren verübt wird.»[19] Was aber ist die Voraussetzung für eine derartige Fähigkeit zur «attentio»? Die ganze Kraft der Aufmerksamkeit auf einen anderen

---

[19] Hermann Stenger, Kompetenz und Identität. Ein pastoralpsychologischer Entwurf, in: ders. et al. (Hg.), Eignung für die Berufe der Kirche. Klärung – Beratung – Begleitung, Freiburg i. Br. 1987, 31–133, 54.

Menschen zu richten, gelingt nur, wenn man ganz bei sich ist. «Bei-sich-Sein heisst, mit einem Mass an unbewusster Verdrängung und bewusster Verleugnung innerseelischer Konflikte auszukommen, das ihm und seiner pastoralen Kompetenz nicht schadet.»[20] Stenger nährt nicht die Illusion eines gänzlich ausgeglichenen, «integrierten» Ichs. Durch die Psychoanalyse ist einiges über die «blinden Passagiere» (Wolfgang Schmidbauer) bekannt, die sich unter der Oberfläche der helfenden Aktivitäten, der pastoralen Interaktionen verstecken. «Wer sich im Laufe seines Lebens selbst auf die Spur kommt, wird neben dem Liebsamen auch viel Unliebsames entdecken, und er wird sich fragen, wie er da noch zu sich selber stehen kann.»[21] Carl Gustav Jung hat in diesem Zusammenhang davon gesprochen, «dass ich selber des Almosens meiner Güte bedarf, dass ich mir selber der zu liebende Feind bin.»[22] «Feindesliebe» zu sich selbst öffnet die Augen für die «blinden Passagiere» in einem selbst und ermöglicht einen ehrlichen Umgang mit der eigenen Bedürftigkeit, der Scham, den eigenen Verletzungen und Schwächen. Dieses Ja zu sich selbst ist Voraussetzung für das Gelingen seelsorglicher Kommunikation. «Wer nicht bei sich sein kann und auf ein zu hohes Mass an Abwehr- und Schutzmechanismen angewiesen ist, der kann nicht personbezogen kommunizieren.»[23]

– *Die Fähigkeit, wirklichkeitsbezogen zu handeln.*
Die Wirklichkeit begegnet uns als differenzierte Vielfalt, der es mit und in der Haltung einer Pluralitätstoleranz zu begegnen gilt. Sie ist Bedingung für pastorale Kompetenz. Pluralitätsintoleranz ist eine schwerwiegende Beeinträchtigung dieser Kompetenz.

Pluralitätstoleranz meint die Fähigkeit, «die Vielfalt in der Kirche nicht nur relativ angstfrei ertragen, sondern in ihr auch das Wirken des Geistes sehen zu können.»[24] Eine solche Fähigkeit setzt voraus, dass der Mensch eine geglückte Ich-Bildung hat und

---

[20] Ebd.
[21] Ebd., 55.
[22] Carl Gustav Jung, Über die Beziehung der Psychotherapie zur Seelsorge, zitiert nach Stenger, Kompetenz und Identität, 55.
[23] Ebd., 57.
[24] Ebd.

somit die innerseelischen und die äusseren Gegensätzlichkeiten zu
überbrücken vermag, ein Pontifex-Ich. Solche Menschen sind de-
mokratiefähig, bzw. kirchlich gesprochen zu gelebter Koinonia fä-
hig – zur Anerkennung sämtlicher Charismen. Pluralitätsintoleranz dagegen meint: Das Ich-Bild und das Welt-Bild, das aufge-
baut wird, ist wirklichkeitsfremd, die eigentlichen handlungsbe-
stimmenden Interessen bleiben dem Betroffenen selbst unbekannt.
Der Blick auf die volle Realität des Ich wird nicht gewagt und
Gleiches gilt für die äussere Wirklichkeit: Einige Teilaspekte werden ausgeklammert, andere werden aufgebläht und absolut gesetzt. Kompromisse schliessen, Lernprozesse eingehen etc. ist für
eine solche Person kaum möglich. Das eigene Denk- und Erfah-
rungssystem wird fremder Kritik entzogen. «Da die Egozentrik des
Verhaltens nicht durchschaut wird, muss sie auf den Gegner proji-
ziert werden: er wird schlecht gemacht.»[25]

– *Die Fähigkeit, botschaftsbezogen mit Symbolen umzugehen.*
Stenger legt seinen Überlegungen eine Symboldefinition von Alfred Lorenzer zugrunde: «Symbole sind […] alle, in Laut, Schrift,
Bild oder anderer Form zugänglichen Objektivationen menschlicher Praxis, die als Bedeutungsträger fungieren, also ‹sinn-voll›
sind.»[26] Es ist ein sehr weiter Symbolbegriff, der auch das Wort,
den Gesang, Gewänder und Gebärden und selbst das «Auto des
Bischofs» und den «Hund des Pfarrers» meint. Stenger geht es hier
vor allem um das Gespür für die Transparenz der Symbole: «Ihr
geht es um das wache Empfinden für die Bedingungen, die erfüllt
sein müssen, damit Symbole transparent für die Botschaft des
Glaubens werden können. Kirchliche Symbole sind Bedeutungsträger besonderer Art. Sie sind per definitionem Träger der christlichen Botschaft.»[27] Jedes Symbol kann zu einem «Diabol» werden,
wenn es Verwirrung stiftet, wenn es die Botschaft entstellt, das
Mysterium verdeckt. Kein Ding, das zu einer kirchlichen Institution gehört, ist ohne symbolische Wirkung.[28] Besondere Aufmerk-

---

[25] Ebd., 59.
[26] Alfred Lorenzer, Das Konzil der Buchhalter. Die Zerstörung der Sinnlichkeit. Eine
Religionskritik, Frankfurt/M. 1981, 23. (Hervorhebung im Original)
[27] Stenger, Kompetenz und Identität, 61.
[28] Die Wirkung von Gebäuden, die Gestaltung von Prospekten, die Kleidung etc.

samkeit legt Stenger auf die Symbole, die in unmittelbarer Beziehung zur Glaubenssubstanz stehen, z. B. die Marienverehrung oder die Eucharistie. Bei allen zentralen Symbolen des Glaubens ist ihm wichtig, drei Dimensionen zu beachten, drei Ebenen, auf denen jedes Symbol wirkt:[29]
1. die therapeutisch-humane Dimension 2. die religiös-numinose Dimension 3. die Glaubenserfahrung. Für die Marienverehrung bedeutet das beispielsweise, dass auf der ersten Ebene die Geborgenheit im Vordergrund steht, die Berührung mit dem Mütterlich-Zärtlichen. Auf der zweiten Ebene wirkt die religiös numinose Kraft des Weiblich-Göttlichen oder die solidarisierende (oder auch heilende) Kraft eines Wallfahrtsbildes. Auf der dritten Ebene geschieht die gläubige Deutung der Berufung Marias als besonderem Ort des Handelns Gottes. «Ekklesiale Symbole können also [...] auf der therapeutischen, der religiösen und der gläubigen Ebene gedeutet und entsprechend erfahren werden. Es wäre sinnlos, im Namen des Glaubens gegen die therapeutische und religiöse Erfahrung, die sich im Umgang mit christlichen Symbolen einstellt, zu polemisieren. Aber es ist Sache der glaubensästhetischen Wahrnehmung, die genannten Dimensionen zu unterscheiden, und es ist Sache des pastoralen Bestrebens, deren Rangordnung zu wahren.»[30] Wenn diese Bemühung, die Rangordnung zu wahren, durch Katechese und Mystagogie nicht geschieht, dann werden die therapeutische und religiöse Dimension Oberhand gewinnen. So kann es zur Verwirrung kommen, die Symbole sind dann nicht mehr botschaftsbezogen.

2.2 Spezialseelsorge erfordert Weiterbildung

Diese Basisqualifikationen, die unabdingbare Voraussetzungen für Seelsorgende darstellen, sind zugleich einfach und höchst anspruchsvoll. Was aber tun, wenn bei einer Seelsorgerin die adäquate Selbstwahrnehmung

---

[29] Diese drei Dimensionen hat Hermann Stenger analog zu seiner «Unterscheidung des Christlichen» entwickelt: 1. Subjektbezogene Selbsterfahrung 2. Naturhaft-religiöse Daseinserfahrung 3. Offenbarungsgebundene Glaubenserfahrung. Vgl. Hermann Stenger, Botschaft und Symbol, in: ders., Verwirklichung unter den Augen Gottes. Psyche und Gnade, Salzburg 1985, 94–104.
[30] Stenger, Kompetenz und Identität, 63f.

vermisst, bei einem Seelsorger ideologische Züge festgestellt werden? Die Bildung dieser Fähigkeiten wird ermöglicht durch ganzheitliche Lernprogramme oder durch tragende, kontinuierliche Beziehungen, in denen durch kritische Solidarität Lernprozesse und Veränderungen angestossen werden. Denn die Seelsorge erfordert ein hohes Mass an Professionalität und menschlicher Reife. Die gesamte Sendung der christlichen Kirchen steht und fällt mit ihrem Seelsorgeauftrag und damit, wie sie diesen wahrnimmt. Daher, so Isabelle Noth, Lehrstuhlinhaberin für «Seelsorge, Religionspsychologie und Religionspädagogik» an der Theologischen Fakultät der Universität Bern, «müssen die Kirchen beider Konfessionen – anders als früher – in der Seelsorge nicht nur ihre vornehmste, sondern in der Seelsorgeausbildung auch ihre vordringlichste Aufgabe erkennen. Ein gewöhnliches akademisches Studium genügt für eine seriöse seelsorgliche Tätigkeit nicht mehr – erst recht nicht in besonders sensiblen Orten wie beispielsweise Spitälern, Heimen oder Gefängnissen. Analog zu den sowohl psychologischen und psychiatrischen Psychotherapeutinnen und -therapeuten ist für eine spezialseelsorgliche Tätigkeit im Anschluss ans Universitätsstudium eine mehrjährige Weiterbildung in Seelsorge und Pastoralpsychologie nötig. Nur durch eine fundierte, begleitete Praxiserfahrung, intensive (Selbst-) Reflexion, Arbeit an der eigenen pastoralen Haltung, Selbsterfahrung, Wahrnehmungsschulung und Supervision kann das Handwerk und die Kunst der Seelsorge eingeübt werden.»[31]

Erfreulicherweise ist die Sensibilität für die entscheidende Bedeutung einer gründlichen Aus- und Weiterbildung der SeelsorgerInnen in den vergangenen Jahren stark gewachsen. Ebenso die Bereitschaft, Aus- und Weiterbildungen in Seelsorge schweizweit und in ökumenischer Ausrichtung zu ermöglichen. Sichtbar wird dies unter anderem auch in der Anfang 2013 unterzeichneten Kooperationsvereinbarung zwischen der Theologischen Fakultät der Universität Bern und der Theologischen Hochschule Chur (THC). Im Auftrag der Deutschschweizerischen Ordinarienkonferenz (DOK) beteiligt sich die THC am Studiengang Clinical Pastoral Training (CPT) = klinische Seelsorgeausbildung. Er ist im Rahmen des Weiterbildungsprogramms «Seelsorge und Pastoralpsycho-

---

[31] Isabelle Noth, in: Internetportal der römisch-katholischen Kirche im Kanton Bern, Pfarrblatt vom 22.05.2013 (www.kathbern.ch/index.php?id=1048&tx_frpnews_pi2 [eintrag]=3378&tx_frpnews_pi2[puid]=15700, Zugriff am 01.12.2013).

logie» einer der insgesamt fünf Studiengänge. Dieses Weiterbildungsprogramm «wurde 2008 in Kooperation zwischen der Theologischen Fakultät der Universität Bern und der Kommission für die Aus- und Weiterbildung in Seelsorge der Deutschschweizerischen Kirchenkonferenz (AWS) entwickelt. Es wird von einer Programmleitung gesteuert und anerkennt folgende fünf Studiengänge: Clinical Pastoral Training (CPT) = klinische Seelsorgeausbildung, Systemische Seelsorgeausbildung (SySA), Alters- und Krankenheimseelsorge (akhs), Seelsorge im Straf-und Massnahmenvollzug (ssmv) und Lösungsorientierte Seelsorge (los).»[32]

3. Seelsorge als Lebenshilfe durch Glaubenshilfe

Seelsorge heisst seelsorgliche Begleitung von Menschen, insbesondere in Lebens- und Glaubenskrisen. Sie setzt bei Seelsorgenden unter anderem die Fähigkeit voraus, sich auf die je individuelle Situation des Gegenübers menschlich und geistlich einlassen zu können. Die Seelsorgenden wissen sich in ihrem Tun dabei sowohl dem Bedürfnis der Menschen als auch dem Auftrag des Evangeliums verpflichtet[33] und möchten durch ihre Präsenz bezeugen, dass Gott den Menschen auch und gerade in ihren Lebenskrisen Krankheit, Leiden, Sterben und Tod nahe ist und sich ihnen zuwendet. Dies möchten sie durch Krankenbesuch, Gespräch, Gebet, Kommunionfeiern und Gottesdienste zum Ausdruck bringen.

Es geht um eine Seelsorge in der Achtsamkeit Jesu, seiner Haltung einer pastoralen *attentio*, einer pastoralen Aufmerksamkeit für Menschen in den unterschiedlichsten Situationen, in denen ihr Menschsein bedroht und gefährdet ist. Diese pastorale *attentio* wird sichtbar etwa in der Erzählung von der Blindenheilung des Bartimäus (Lk 18,41). Obwohl wir davon ausgehen dürfen, dass Jesus weiss, was der Blinde sich zutiefst von Jesus wünscht und erhofft, nämlich sehend gemacht zu werden, fragt ihn Jesus ausdrücklich «Was willst du, dass ich dir tue?» Damit respektiert er die Würde und das Subjektsein des Blinden und macht ihn nicht zum Objekt seines Handelns. Jesus lebt pastorale *attentio,* eine pastorale Aufmerksamkeit und verübt kein pastoralen Attentate, nach dem Motto: «Ich weiss schon, was du brauchst und was für dich gut ist!»

---

[32] Ebd.
[33] Vgl. Cla Reto Famos, Kirche zwischen Auftrag und Bedürfnis, Münster/Zürich 2005.

4. Momente eines von Achtsamkeit geprägten Seelsorgestils

– «Achtsamkeit» bezeichnet eine Grundhaltung gegenüber dem Leben, also gegenüber sich selbst, den Mitmenschen und der Umwelt. Damit ist ein von ihr mitgeprägter Seelsorgestil zugleich personenzentriert und kontextbezogen.

– «Achtsamkeit» zielt auf den gegenwärtigen Augenblick, unterbricht damit den Beschleunigungstrieb der (Post-)Moderne, hält inne, vergewissert sich aber gerade darin auch des «Woher?» und des «Wohin?». In diesem spezifischen Zeitverständnis liegt die praktisch-theologische Bedeutsamkeit: für die Wahrnehmung der jetzigen Situation, in Rückbezug auf die Botschaft des Evangeliums und in Erinnerung an die Tradition als Gegenwart der Verstorbenen, in kritisch-korrektivem und zuversichtlichem Ausgriff auf die Zukunft.

– «Achtsamkeit» schenkt dem, was unmerklich zur Gewohnheit geworden ist– und nicht selten als «gewöhnlich» erlebt wird – neue Aufmerksamkeit. Als stilprägendes Moment seelsorglichen Handelns fördert sie die Rezeptivität in der Begegnung und schützt vor (vorschnellen) Kategorisierungen und Beurteilungen. «Achtsamkeit» beinhaltet eine Option für das Unerwartete und Fremde.

– «Achtsamkeit» beachtet die Einmaligkeit und Würde des Gegenübers. Mit ihr untrennbar verbunden ist das tatkräftige Engagement dort, wo diese Würde bedroht wird oder Schaden genommen hat (als integraler Auftrag von Seelsorge).

5. Seelsorge als Mit-Sorge für das Gelingen von Beziehungen unter dem Zuspruch und Anspruch Gottes

Es ist Aufgabe der SeelsorgerInnen, die Heiligkeit einer jeden Lebens- und Beziehungsgeschichte zu achten und unter Verzicht auf jeglichen Versuch einer Bevormundung mitzuhelfen, die theologische Aussage im Römerbrief, dass Gott uns zuerst geliebt hat und weiterhin liebt, und zwar vor aller Leistung und sogar trotz aller Schuld, erfahrbar zu machen.

Zugleich muss deutlich sein: Es ist und bleibt das Leben der jeweiligen Menschen. SeelsorgerInnen wollen sich, wie es die Pastoralkonstitution *Gaudium et spes* formuliert, die «Freude und Hoffnung, Trauer und Angst der Menschen von heute, besonders der Armen und Bedrängten aller Art» (GS 1), zu eigen machen, indem sie Mit-Sorge tragen. Leitperspektive einer theologisch begründeten und verantworteten Pastoral und Seelsorge ist nicht der Gedanke der Anpassung an die Massstäbe einer nachchristlichen liberalen Gesellschaft, sondern die Ausrichtung pastoralen Handelns am Evangelium, am Wort Jesu: «Ich will, dass sie das Leben haben, und zwar in Fülle!» (Joh 10, 10). Es geht immer wieder um eine pastorale *attentio*, eine pastorale Aufmerksamkeit, die Menschen – zum Beispiel in den Brüchen ihres Lebens – nicht allein lässt und als «Pastoral des glimmenden Dochtes (Jes 42, 3) jedweder Versuchung zu pastoralen Attentaten widersteht. Seelsorge bedeutet Biografie unterstützende Begleitung.

6. Eine zweite Annäherung: Was macht Seelsorge zur Seelsorge?

Die Kernkomptenz, die «Muttersprache der Kirche» (Petra Bosse-Huber) ist die Seelsorge. Es gibt: Schulseelsorge und Telefonseelsorge, Betriebsseelsorge, Militärseelsorge und Polizeiseelsorge, Spital- und Klinikseelsorge, seit einiger Zeit gibt es auch die Internet-Seelsorge. Und es gibt natürlich die Territorialseelsorge im Unterschied zur Kategorialseelsorge, die sich zumeist als Einzelseelsorge versteht. Doch es ist zu fragen: Was macht Seelsorge zur Seelsorge? Ist Seelsorge lernbar – oder eine Gabe, die der eine hat und der andere nicht und die sich entfalten lässt? Ist sie eine theologische Grundkompetenz? Was sind die Parallelen und die Unterschiede zwischen Einzelseelsorge und Gruppen- oder Gemeindeseelsorge? Ist die Kirche zu sehr fixiert auf die Einzelseelsorge? Ist Theologie lehrende und zugleich lernende Seelsorge?

Die Wahrnehmung ist: Es gibt einen inflationären Umgang mit dem Begriff Seelsorge. Daher braucht es ein ernsthaftes Bemühen um Klärung dessen, was jeweils gemeint ist, wenn von Seelsorge gesprochen wird. Und es braucht vorweg die Sicherung eines durch die Seelsorge zu vermittelnden Referenzrahmens für die Seelsorge der Kirche, für die Seelsorge in den Kirchen. Das heisst: Es muss deutlich werden, dass alles hauptberufliche wie ehrenamtliche Tun von Menschen in den Kirchen nicht den Selbsterhalt der jeweiligen Kirche als Institution zum Ziel hat. Denn nicht «die Kirche», und dazu noch in ihrer jeweiligen konfessionellen Prägung, ist das Ziel von Seelsorge. Vielmehr stehen die Kirchen im Dienste Gottes und wollen die Menschen in ihrer Suche nach Sinn auf Gott verweisen. Daher suchen sie sowohl von sich aus den Kontakt mit den Menschen und sind umgekehrt für die da, die von sich aus auf sie zukommen. Von ihrem theologischen Selbstverständnis her konstitutiv ist für alle Kirchen ihr Gottesbezug, dass sie also von Gott her leben und sich auf ihn ausrichten und die gute Nachricht von seiner Gegenwart zur plausiblen Erfahrung werden lassen (möchten). Nicht die Kirche ist das Ziel allen kirchlichen Handelns, sondern Gott, auf den sie durch ihr Tun hinweist. Die Kirche ist nicht Gott, sondern besteht aus Menschen und in der Kirche geht es oft auch allzu menschlich zu. Darum, so Joseph Ratzinger, darf man «eine Totalidentifikation mit der jeweiligen empirischen Kirche nicht wollen»[34]. Das hiesse ja, sie sei vollkommen, und die Umkehr habe sich für sie erledigt. Kirche als theologische Grösse ist stattdessen aber immer eine ecclesia semper reformanda.

Der Regensburger Pastoraltheologe Johann Michael Sailer schreibt in seiner in den Jahren 1788 und 1789 in erster Auflage erschienenen Pastoraltheologie: «Seelensorge überhaupt ist die entscheidende Stimmung des Gemüthes für die ewigen Angelegenheiten des Menschen. Seelensorge ist aber *dreyfach*; denn das Wort ‹Seelensorge› bezeichnet

1) die *persönliche*, die *Selbst-Pflicht* eines jeden Menschen, für seine Seele (für Religion, Tugend, Weisheit, Seligkeit) zu sorgen. ‹Jeder sey sein Selbst-Seelsorger!›

Das Wort, Seelensorge, bezeichnet
1) die *gemeinsame*, die *Nächstenpflicht* eines jeden, für das unsterbliche Heil anderer zu sorgen. ‹Jeder sey des andern Seelsorger!›

Das Wort, Seelensorge, bezeichnet
1) die *Amtspflicht* der *öffentlichen Personen*, die von der Kirche bevollmächtiget und angewiesen sind, für das unsterbliche

---

[34] Joseph Ratzinger, Identifikation mit der Kirche, in: ders./Karl Lehmann, Mit der Kirche leben. Freiburg i. Br. 1977, 11–40, 25f.

Heil ihrer Mitmenschen in einem bestimmten Kreise zu sorgen. ‹Jeder Geistliche sey Seelensorger in seinem Kreise!›

Diese Seelensorge ist es, die als *Kirchenamt* hier in Betracht kommen kann.»[35]

7. «Seelsorge-Konzepte im Widerstreit».

Doris Nauer, promovierte Medizinerin und habilitierte römisch-katholische Theologin, hat ein Kompendium von dreissig Seelsorge-Konzepten vorgelegt, die sie miteinander vergleicht: *Seelsorgekonzept im Widerstreit.*[36] Allen gemeinsam ist inhaltlich eine jeweils theologische Perspektive und biblische Orientierung, also ein christlicher Referenzrahmen. Die dreissig Seelsorge-Konzepte unterscheiden sich nach Doris Nauer aber in ihrer Affinität bzw. im Ausmass ihrer Affinität zu einer mehr biblischen, zu einer mehr psychologischen und zu einer mehr soziologischen Sichtweise. Das heisst: Doris Nauer ordnet die dreissig Seelsorge-Konzepte drei Konzept-Typen zu und sagt: Die jeweiligen Seelsorge-Konzepte haben entweder eine mehr theologisch-biblische, eine mehr theologisch-psychologische oder eine mehr theologisch-soziologische Perspektive[37]. Doris Nauer kombiniert die Vielfalt und entwickelt angesichts dieser Vielfalt ein so genanntes «multiperspektivisches» bzw. «multidimensionales» Seelsorgekonzept[38]. Ziel dieses Unternehmens ist es, den vorhandenen Perspektivenplural wahrzunehmen, anzuerkennen und in den eigenen Entwurf zu integrieren. Dies bedeutet: Das multiperspektivische bzw. multidimensionale Seelsorgekonzept von Doris Nauer will eine mystagogisch-spirituelle, eine pastoralpsychologisch-ethische und eine diakonisch-prophetische Dimension miteinander verbinden. Welches Seelsorge-Konzept man auch im Einzelnen mehr favorisiert: Es braucht Professionalität in der Seelsorge, und zwar nicht nur und nicht in erster Linie durch Spezialisierung auf verschiedene Seelsorgeberufe, sondern vor allem in der

---

[35] Johann Michael Sailer, Vorlesungen aus der Pastoraltheologie, Dritte, durchaus verbesserte und vermehrte Ausgabe, München 1812, Bd. 1, 9, in buchstabengetreuer Abschrift.

[36] Nauer, Seelsorge-Konzepte.

[37] Vgl. ebd., 17.

[38] Vgl. ebd., 376–433.

Integration von Spiritualität, Personalität und Authentizität im pastoralen Personal bei Seelsorgenden.

Es gibt Klärungsbedarf für die weitere Seelsorgediskussion. Zu fragen ist: Wie kann in den Verhältnisbestimmungen zwischen Seelsorge und Beratung (aber auch von Seelsorge einerseits und Sozialarbeit Pädagogik, Politik, Organisationsentwicklung etc. andererseits) mehr Aufmerksamkeit für die persönlich und situativ je spezifische inter- und intraindividuelle Rollenpluralität geweckt werden? Wer ist das Gegenüber des Seelsorgers bzw. der Seelsorgerin: Klientin, Hilfesuchender, Ratsuchende, Kunde, Gesprächspartnerin? Weitergefragt: Zielt Seelsorge nur auf Personen oder auch auf Umstände? Wie kann es gelingen, als Seelsorger bzw. Seelsorgerin aufmerksam die in den profanisierten «Seel-Sorge»-Disziplinen (klassisch die Psychologie, inzwischen aber genauso bedeutsam die verschiedenen Neurowissenschaften) gesammelten Befunde der Leib-Seele- (bzw. Geist-Gehirn-) Diskussion zu verfolgen und kritisch in ein Verständnis des «Menschen als Seele» (Eduard Thurneysen) einzubinden? Nicht zuletzt: Wo liegen Spielräume gegen eine Klerikalisierung im Sinne einer (willentlichen oder unbedachten) Beschränkung von Seelsorge auf das amtliche, kirchliche Handeln und für eine gemeinschaftliche Trägerschaft von Seelsorge durch alle Christinnen und Christen als gegenseitige Begleitung auf dem Glaubensweg in Glaube, Hoffnung und Liebe? Wo müssen Praktische Theologie und Pastoraltheologie im Nachdenken über Seelsorge für eine Entgrenzung von Begrenzungen, für eine «professionelle Entprofessionalisierung» eintreten?

8. Ein dreifaches Seelsorgeverständnis

Es ist ein dreifaches Seelsorgeverständnis wahrzunehmen:

(1) Die hauptamtliche Seelsorge umfasst das Tun der kirchlich angestellten SeelsorgerInnen, seien es PastoralassistentInnen, Diakone oder Priester.

Fünf verschiedene Bereiche gehören zu diesem Tun:

– die Sorge um die Kerngemeinde (bwz. -gruppe). Hierzu gehören die Glaubensvertiefung, Beziehungskultur, Gottesdienstgestaltung

- Ansprechperson für Fernstehende zu sein (Lebensfragen, Sakramentenspendung, Gottesfrau/Gottesmann sein
- die Begleitung Einzelner (= der zeitintensivste Faktor)
- die Förderung und Unterstützung von lockeren und festen Gruppierungen
- die Verbindung zur grösseren Gemeinschaft bis hin zur Weltkirche aufrechterhalten (= Innen- und Aussenbeziehungen sichern und pflegen).

(2) Die «nicht amtliche Seelsorge» umfasst:

- all jenes seelsorgliche Geschehen, das sich im weiten Bereich der Kirche abspielt, aber nicht von Hauptamtlichen getragen wird: die vielen freiwilligen und unentgeltlichen ehrenamtlichen MitarbeiterInnen in Gemeinde, Caritas/Diakonie, Telefonseelsorge, Spital- und Klinikseelsorge.
- Im Weiteren: die vielen privaten und halb-privaten Begegnungen, in denen die Sorge umeinander zum Ausdruck kommt, das Anteilnehmen am Leben, an den Hoffnungen und Freuden, an der Trauer und den Ängsten, und wo Deutungshilfe im Horizont des Glaubens gesucht und gegeben wird.

(3) Die nicht kirchlich gebundene Seelsorge meint:

- alle hilfreichen menschlichen Begegnungen, die sich ausserhalb oder zumindest nicht ausdrücklich innerhalb der Kirche und des christlichen Glaubens abspielen. Zu fragen wäre: Ist hier die Bezeichnung Seelsorge angebracht? Oder darf man sagen: Prinzipiell ist jeder Mensch in der Lage, sich als Ort des Wirkens Gottes zu erfahren. Und als solche sind Menschen in der Zuwendung zueinander auch immer so etwas wie ein Seelsorger, eine Seelsorgerin füreinander.

  Ziele wären hier:

- Sich gegen ein Seelsorgeverständnis wehren, das im Grunde nur das Tun der Hauptamtlichen als Seelsorge qualifiziert. Durch diese Rollenfixierung (zum Grossteil auch noch auf den Priester) wird Seelsorge vielfach als Heils*lehre* erlebt: Derjenige, der vom

Heil gelernt hat, gibt dieses Wissen weiter, vorwiegend in Predig-
ten und Sakramentenkatechesen. Es geht nicht um Heilslehre,
sondern um Heil*kunde*.

– Wertschätzend und mit Respekt wahrnehmen, was an heil-kundi-
gem zwischenmenschlichem Verhalten da ist und wie das heilend
wirkt für den ganzen Menschen, auch in seinen spirituellen Bezügen. Wer das kann, der nimmt neue Impulse für die eigene Seelsorge wahr und lernt, neu wert zu schätzen, was heilend wirkt.
Ausserdem stellt sich vielleicht eine Dankbarkeit darüber ein, was
alles an seelsorglichem Tun geschieht, das nicht kirchenamtlich re-
gistriert ist, und das ermöglicht mehr Gelassenheit und Freude.

8.1 Versuch einer Definition von Seelsorge

Seelsorge ist ein Beziehungsgeschehen[39]. Es ist eine ganzheitliche Sorge
umeinander, die sich nicht auf seelische Angelegenheiten beschränkt,
sondern den Menschen in seinen physischen, psychischen, sozialen und
geistlichen Bezügen sieht. Diese ganzheitliche Sorge wird von einer konkreten Option geleitet, vom Wissen um die Option Gottes für die Menschen, vom Wissen um die Option Jesu für Arme und Benachteiligte.[40]

Innerhalb der drei verschiedenen Bereiche von Seelsorge gibt es unterschiedliche Akzentsetzungen:

– Eine hauptberufliche Ausübung von Seelsorge bringt häufig
asymmetrische Beziehungskonstellationen mit sich. Dennoch ist
Seelsorge wesentlich eine wechselseitige Sorge um einander.

– Es gibt verschiedene Grade von Professionalisierungen innerhalb
der Seelsorge, die durch Ausbildungen, Zusatzqualifikationen
und reflektierte Erfahrungen erworben werden. Es ist durchaus
ein Anliegen, dass hauptamtliche SeelsorgerInnen ein höheres
Mass an Professionalisierung anstreben, ebenso wichtig ist zu

---

[39] Siehe hierzu auch: Wolfgang Reuter, Relationale Seelsorge. Psychoanalytische, kulturtheoretische und theologische Grundlegung, Stuttgart 2012.
[40] Weitere Definitionen bei: Karin Tschanz Cooke, Hoffnungsorientierte Systemische
Seelsorge. Die Familientherapie Virginia Satirs in der Seelsorgepraxis, Stuttgart 2013,
174–179.

sehen, dass sehr viel kompetente, auch professionelle Seelsorge in den anderen beiden Bereichen geschieht.

8.2 Die Notwendigkeit des Erwerbs von Basiskompetenzen als Voraussetzung für eine heil-kundige Seelsorge

Hierzu gehören die Fähigkeit zur Selbstwahrnehmung und Selbstreflexion, zur Gruppenleitung, die Fähigkeit, über den eigenen Glauben sprechen können, Konfliktkompetenz, Mitgefühl, die Fähigkeit zur Zusammenarbeit und die Bereitschaft, sich supervidieren zu lassen etc.

8.3 Die Wichtigkeit der religiös-spirituellen Unterstützung

«Die spirituelle Begleitung leistet einen Beitrag zur Förderung der subjektiven Lebensqualität und zur Wahrung ihrer Personenwürde angesichts von Krankheit, Leiden und Tod. Dazu begleitet sie die Menschen in ihrer letzten Lebensphase in ihren existenziellen, spirituellen und religiösen Bedürfnissen auf der Suche nach Lebenssinn, Lebensdeutung und Lebensvergewisserung sowie bei der Krisenbewältigung. Sie tut dies in einer Art, die auf die Biografie und das persönliche Werte- und Glaubenssystem Bezug nimmt. Dies setzt voraus, dass die existenziellen, spirituellen und religiösen Bedürfnisse erfasst werden.»[41]

9. Schlussbemerkungen

Es ist interessant zu beobachten, wie unterschiedlich Männer und Frauen Seelsorge betreiben und wie unterschiedlich die Reaktionen darauf sind. Das Zueinander von Universitätsstudium und Ausbildung für die Seelsorge ist immer wieder klärungsbedürftig. Inwiefern gehört z. B. der Erwerb der Basiskompetenzen in ein Theologiestudium hinein oder nicht?

Wie sind Person und Organisation in der Perspektive der Seelsorgenden und ihrer Kompetenz zu sehen? Hier zeigt sich eine vierfache Frageperspektive zu Grundfragen pastoralen Handelns, die im Spannungsfeld von Lebenstext, Schrifttext und Glaubenstext angesiedelt sind:

---

[41] Bundesamt für Gesundheit (BAG) und Schweizerische Konferenz der kantonalen Gesundheitsdirektorinnen und -direktoren (GDK), Nationale Leitlinien Palliative Care, Bern 2010, 14 (www.bag.admin.ch/themen/medizin/06082/13915/index.html?lang =de, Zugriff am 26.04.2013).

- Wie kommen Seelsorgende in ihrer biblisch-theologischen Verwurzelung und in ihrem Handeln als «personales» Angebot vor?

- Welche Vision verfolgen Seesorgende vor dem Hintergrund ihrer eigenen Lebens- und Glaubensgeschichte?

- Wie bestimmt diese Vision ihre Haltung zu den Menschen und zu ihren Lebensschicksalen? Und wie findet sie Ausdruck in der Gestaltung pastoraler Beziehungen in der Alltagswelt (individuell, in Gruppen, institutionell und gesellschaftlich)?

Denn wie SeelsorgerInnen «ihre professionelle Tätigkeit inhaltlich verstehen und was sie dementsprechend alltagspraktisch ganz konkret tun, ist [...] alles andere als beliebig! Als kirchlich beauftragte Profis stellen sie sich nämlich ausdrücklich in die Nachfolge Jesu Christi, d.h. sie verankern ihr Seelsorgeverständnis im jüdisch verwurzelten christlichen Gottes- und Menschenbild, um von ihren Quellen her Kriterien für ein glaubwürdiges Seelsorgeverständnis ‹auf der Höhe der Zeit› zu entwickeln.»[42] Die Herausforderung Seelsorge ist und bleibt spannend.

---

[42] Wolfgang Reuter, Relationale Seelsorge. Psychoanalytische, kulturtheoretische und theologische Grundlegung, Stuttgart 2012, 6f.

«Will you still need me, will you still feed me ...?»

Bedeutung haben – auch in Krankheit und Sterben

Frank Mathwig

> «Gott ist wirklich nicht allein. [...]
> Auch der Mensch ist nicht allein»
>
> *Karl Barth*[1]

> «Ich fühle mich zeitweilig wie
> in einem echolosen Raum»
>
> *Kurt Marti*[2]

1. Einleitung

Die Fragen, ob ein Mensch noch gebraucht und – nötigenfalls – durchgefüttert wird, stellen sich im Beatles-Song bereits für Menschen im Alter von 64 Jahren. Heute müssen knapp 20 Jahre dazugezählt werden, damit die Überlegung realistisch klingt. Das entspräche ungefähr dem durchschnittlichen Eintrittsalter in Pflegeheimen zwischen dem 83. und 85. Lebensjahr.[3] Natürlich geht es in dem Song der Liverpooler um die Liebe und nicht um Gesundheits- oder Sozialpolitik oder Diakonie – jedenfalls nicht auf den ersten Blick. Im Zentrum des Liedes stehen die beiden Begriffe *need* und *feed*. In den Sozial- und Gesundheitswissenschaften wird die Frage nach den *basic needs*, also danach, was zum grundlegenden Lebensbedarf einer menschenwürdigen Existenz notwendig dazugehört, breit diskutiert. *Need* ist der Bedarf, auf den jeder Mensch ein Recht geltend machen kann. Bei uns werden die Ansprüche auf ein mehr oder

---

1   Karl Barth, Die kirchliche Dogmatik, Bd. III/1: Die Lehre von der Schöpfung, Zollikon-Zürich ²1947, 26f.

2   Kurt Marti, «Ich bin jetzt eigentlich fällig». Interview mit Res Strehle, in: Der Bund 28.03.2011.

3   Vgl. Klaus Dörner, Leben und Sterben, wo ich hingehöre. Dritter Sozialraum und neues Hilfesystem, Neumünster ³2007, 7.

weniger weitreichendes «Durchfüttern» durch die gesundheitlichen und sozialen Versorgungssysteme garantiert. Im Begriff «Versorgung» steckt das Wort «Sorge». Die professionelle Sorge gilt dem Körper, dem Geist, der Psyche und der sozialen Lebenssituation. Damit befassen sich Spezialistinnen und Spezialisten, Ausbildungscurricula, Vergütungsrichtlinien und Abrechnungsverordnungen. «Durchgefüttert» werden – zumindest bei uns – irgendwie alle. Über die Qualität und den Geschmack der Versorgung lässt sich natürlich trefflich streiten.

Bezeichnenderweise beginnen die Beatles aber mit einer anderen Sorge, die die Rede von *basic needs* gar nicht im Blick hat: *Will you still need me* – Wirst du mich noch brauchen? Die Frage klingt seltsam. Denn hier geht es nicht darum, was ein Mensch braucht, sondern wer diesen Menschen braucht. Die Frage richtet sich nicht an die hilfsbedürftige Person, sondern an die Mitmenschen – einschliesslich der Helfenden. Das passt nicht zu der üblichen Aufteilung in der sozialen Dienstleistungswelt zwischen Leistungserbringern und Leistungsempfängerinnen bzw. Bedürftigen. Die Beatles stellen dieses alltägliche Gegenüber auf den Kopf: Nicht die Bedürftigkeit des alten und gebrechlichen Menschen ist von Interesse, sondern seine Bedeutung für andere. In Anlehnung an die bekannte Kategorie erscheint der bedürftige Mensch nicht als «hilfloser Helfer» (Schmidbauer), sondern als hilfsbedürftiger Helfer. Er ist hilfsbedürftig, sofern er «durchgefüttert» werden muss und gleichzeitig Helfer, der von anderen «gebraucht» wird. Dahinter steckt die sehr alte anthropologische Einsicht, dass Menschen grundsätzlich «ebenso helfens-bedürftig, wie hilfe-bedürftig» sind. Genau diese Wechselseitigkeit macht Menschen «fundamental zu Beziehungswesen».[4]

Der ganzheitliche Ansatz von Palliative Care zielt darauf, sterbenden Menschen die grundsätzliche Beziehungsfähigkeit und -bedürftigkeit auch in der letzten Lebensphase zu ermöglichen. Darin unterscheidet sich Palliative Care von einer lediglich medizinischen Versorgung von Menschen in der letzten Krankheitsphase und Sterbenden. Nicht die Krankheit des Menschen, sondern der Mensch mit seiner Krankheit steht im Vordergrund. Dieser Fokus steht im Mittelpunkt der folgenden Bemerkungen. Zunächst werde ich die Grundkonzeption von Palliative Care in wenigen Worten vorstellen (2.). Anschliessend skizziere ich den theologisch-ethischen und diakonischen Sinn von «Bedeutung haben»

---

[4]   Ebd., 116f.

(3.) und abschliessend werde ich auf einige praktische Konsequenzen hinweisen, die sich daraus für die konkrete diakonische Arbeit ergeben (4.). Im Zentrum meiner Bemerkungen stehen die beiden Thesen: 1. Die Menschlichkeit am Ende des Lebens zeigt sich in der Bedeutung, die der sterbende Mensch für seine Mitmenschen hat. 2. Kirchliche Diakonie hat die Aufgabe, den Anspruch eines jeden Menschen darauf, Bedeutung zu haben, in Palliative Care einzubringen. Hinter dieser Doppelthese steckt die – im aktuellen Gerangel um Kompetenzen regelmässig übersehene – Einsicht, dass die zentrale Idee von Palliative Care dem ursprünglichen Auftrag kirchlicher Diakonie sehr nahe kommt. Das sozialintegrative Anliegen von Palliative Care schliesst unmittelbar an das Selbstverständnis kirchlicher Diakonie an. Deshalb kann die Frage eigentlich nicht lauten: Was kann kirchliche Diakonie zu Palliative Care beitragen? Vielmehr muss es heissen: Wie muss Palliative Care im Sinne gelingender diakonischer Praxis verwirklicht werden?

2. Palliative Care

Palliative Care boomt seit einigen Jahren auch in der Schweiz. Das Bundesamt für Gesundheit fördert ihre Erforschung sowie praktische Etablierung und definiert das Konzept folgendermassen: «Die Palliative Care umfasst die Betreuung und die Behandlung von Menschen mit unheilbaren, lebensbedrohlichen und/oder chronisch fortschreitenden Krankheiten.» Sie kommt zum Einsatz, wenn «die Kuration der Krankheit als nicht mehr möglich erachtet wird und kein primäres Ziel mehr darstellt. Patientinnen und Patienten wird eine ihrer Situation angepasste optimale Lebensqualität bis zum Tode gewährleistet und die nahe stehenden Bezugspersonen werden angemessen unterstützt. Die Palliative Care beugt Leiden und Komplikationen vor. Sie schliesst medizinische Behandlungen, pflegerische Interventionen sowie psychologische, soziale und spirituelle Unterstützung mit ein.»[5]

Genauer können die folgenden Handlungsziele unterschieden werden:

---

[5] Bundesamt für Gesundheit (BAG)/Schweizerische Konferenz der kantonalen Gesundheitsdirektorinnen und -direktoren, Nationale Leitlinien Palliative Care (GDK), Bern 2010, 8 (www.bag.admin.ch/themen/medizin/06082/13915/index.html?lang=de, Zugriff am 26.04.2013).

«Palliative Care

- lindert Schmerzen und andere belastende Beschwerden,
- unterstützt den Patienten darin, so lange wie möglich aktiv zu bleiben,
- integriert psychische und spirituelle Aspekte,
- bejaht das Leben und erachtet das Sterben als normalen Prozess,
- will den Tod weder beschleunigen noch verzögern,
- unterstützt Angehörige, die Krankheit des Patienten und die eigene Trauer zu verarbeiten,
- ist Teamarbeit, um den Bedürfnissen von Patienten und Angehörigen möglichst gut gerecht zu werden,
- kann frühzeitig in der Erkrankung angewendet werden in Kombination mit lebensverlängernden Massnahmen, wie beispielsweise Chemo- und Radiotherapie. Sie beinhaltet auch die notwendige Forschung, um Beschwerden oder klinische Komplikationen besser verstehen und behandeln zu können.»[6]

Bei allen Unterschieden im Detail orientiert sich die Praxis von Palliative Care an einigen grundlegenden Prinzipien:

- «Gleichbehandlung aller Menschen
- Interprofessionelle Vernetzung und Kontinuität
- Offene und angemessene Kommunikation
- Unterstützung bei Entscheidungsprozessen
- Einbezug des persönlichen Umfelds
- [physische, psychische, soziale] Multidimensionalität».[7]

Eine – gegenüber anderen Medizinbereichen – besondere Bedeutung kommt den Angehörigen und Bezugspersonen zu. Dazu einige Hinweise aus den Erläuterungen des BAG zu den eben genannten Prinzipien von Palliative Care. Im Blick auf die Kommunikation wird festgehalten: «Zur Palliative Care gehört eine einfühlsame, offene und angemessene Kommunikation mit dem kranken Menschen und auf dessen Wunsch mit

---

6   www.palliative.ch/index.php?id=70 (Zugriff am 26.04.2013).
7   BAG/GDK, Nationale Leitlinien, ebd., 11.

den nahestehenden Bezugspersonen»;[8] im Blick auf die Unterstützung bei Entscheidungsprozessen: «Die kranke Person wie auch die nahestehenden Bezugspersonen sind gemäss ihren Bedürfnissen und Wünschen verständlich und umfassend zu informieren»;[9] im Blick auf den Einbezug des sozialen Umfeldes: «Die nahestehenden Bezugspersonen sind bei der Planung von Behandlung, Pflege und Begleitung als Partner zu betrachten»;[10] im Blick auf die psychische Dimension: «Die psychischen Stressfaktoren der Patientin, des Patienten sowie der betreuenden nahestehenden Bezugspersonen werden systematisch erfasst»[11] und im Blick auf die soziale Dimension: «Die soziale Dimension stellt die Lebenswelt der Patientin, des Patienten in den Vordergrund. Sie orientiert sich an den Bedürfnissen und an den gewohnten Lebens- und Tagesstrukturen des Menschen. [...] Von Bedeutung sind in dieser Dimension unter anderem die nahestehenden Bezugspersonen, der Freundes- und Bekanntenkreis».[12]

Trotz der Anerkennung der Bedeutung von Angehörigen und freiwilligen Bezugspersonen hält das BAG an der professionellen Ausrichtung resp. Professionalisierung fest. «Die Palliative Care wird in einem interprofessionellen Team erbracht. [...] Je nach den Bedürfnissen des kranken Menschen und von dessen nahestehenden Bezugspersonen werden Fachpersonen anderer Sozial- und Psychologieberufe, der Seelsorge oder weiterer Berufe beigezogen. Freiwillige können unter Berücksichtigung ihrer Kompetenzen und Aufgaben Teil des interprofessionellen Teams und der palliativen Versorgung sein. Sowohl die Fachpersonen des interprofessionellen Teams, das Assistenzpersonal als auch die Freiwilligen bedürfen einer auf ihren Einsatz in der Palliative Care ausgerichteten Aus- und/oder (betrieblichen) Weiter- bzw. Fortbildung (Grundversorger und spezialisierte Fachpersonen).»[13]

Dagegen rückt die erste Deklaration der Koalition pro palliative care die transdisziplinäre Struktur stärker ins Zentrum: «Palliative Care zielt auf die vernetzte Versorgung und Betreuung von chronisch und degenerativ kranken sowie sterbenden Menschen. Vernetzung findet einerseits

---

[8]   BAG/GDK, Nationale Leitlinien, ebd., 12.
[9]   Ebd.
[10] Ebd.
[11] BAG/GDK, Nationale Leitlinien, ebd., 13.
[12] Ebd.
[13] BAG/GDK, Nationale Leitlinien, ebd., 21.

in der interdisziplinären Zusammenarbeit verschiedener Berufsgruppen statt und andererseits in der Kooperation zwischen Professionellen, Freiwilligen und Angehörigen. In einem Gesundheits- und Sozialwesen, die professionelle Leistungen zur Verfügung stellen, muss die spezifische transprofessionelle Struktur von Palliative Care auch im Rahmen ihrer Finanzierung unbedingt berücksichtigt werden.»[14] Das Zusammenspiel der verschiedenen Akteurinnen wird anschliessend noch präziser als egalitäre Interaktion von Gleichen unter Gleichen bestimmt: «Professionelle und soziale Vernetzung ergänzen sich. Die verschiedenen Kompetenzen werden nicht hierarchisch geordnet. Kooperation findet auf gleicher Augenhöhe statt. Im Zentrum des Netzwerks steht die betroffene Person. Nicht als Objekt, gegenüber dem Leistungen erbracht werden, sondern als Subjekt, das selbst über sein Leben bestimmt und damit dem Netzwerk Palliative Care seine jeweils individuelle Struktur gibt. Die an Fachkompetenzen orientierte Leistungsperspektive ist um die Dimension sozialer und kommunikativer Kompetenzen zu ergänzen.»[15]

3. Bedeutung haben

Das Aufgabenprofil von Palliative Care ist äusserst komplex und anspruchsvoll. Das Konzept zielt im Kern auf die Überwindung jener «Einsamkeit der Sterbenden», die – nach dem eindringlichen Essay des Soziologen Norbert Elias aus den 1980er Jahren – unseren modernen Umgang mit Sterben und Tod kennzeichnet.[16] Was macht das Sterben und die Sterbenden einsam? Dass sie allein gelassen werden und dass sich niemand um sie kümmert? Daran kann es nicht liegen, denn niemals zuvor war das Sterben von einer solchen Betriebsamkeit begleitet und wurde derart professionell abgewickelt. Auch im Sterben überlassen wir nichts dem Zufall. Es wird geforscht, evaluiert, befragt und statistisch erhoben. Sterben und Tod haben zweifellos Konjunktur – in vielen Fachdiskursen und institutionalisierten Zusammenhängen, aber nicht in gleicher Weise im Lebensalltag. Es klingt zunächst paradox, aber die Einsamkeit der Sterbenden besteht zu einem wesentlichen Teil in der

---

[14]   Pro palliative care, In den Netzen der Lebenswelt. Palliative Care als gesellschaftliche Ressource im Dienste der Betroffenen, Zürich 2011.

[15]   Ebd.

[16]   Norbert Elias, Über die Einsamkeit der Sterbenden in unseren Tagen, Frankfurt/M. 1982.

professionellen Aneignung des Sterbens durch die Medizin und ihre Begleitdisziplinen. Allerdings wäre es ein Kurzschluss, die Medizin selbst für diese Entwicklung verantwortlich zu machen. Sie übernimmt lediglich die Aufgaben, die ihr von der Gesellschaft aufgetragen werden. Sterben und Tod mussten erst zu einem Störfaktor im alltäglichen Leben der Gesellschaft werden, bevor sich die institutionalisierte Medizin ihrer annehmen konnte. Das ist die regelmässig übersehene Kehrseite der notorischen Klage über die hohen Ausgaben im Gesundheitswesen.

Die Medizin wurde somit tatsächlich zur Notaufnahme für Sterbende, zum Asyl für gesellschaftlich «Entheimatete». Die Not der Gesellschaft mit ihren Sterbenden macht die Sterbemedizin zur Tugend. Aber der medizinische Grundsatz, dass der Erfolg einer Therapie von der Sorgfalt der vorausgegangenen Anamnese und Diagnose abhängt, gilt ebenso für gesellschaftliche Krankheiten. Auch hier gilt, genau zwischen Ursachen und Wirkungen zu unterscheiden: Wenn in der Medikalisierung des Sterbens eine fragwürdige, aber bezeichnende gesellschaftliche Einstellung gegenüber Sterben und Tod zum Ausdruck kommt, kann nicht ernsthaft erwartet werden, dass die Medizin jene Probleme beseitigt, dessen Symptom sie ist. Deshalb wäre es sinnlos, Palliative Care damit zu beauftragen, die Defizite eines medizinisch organisierten Sterbens zu kompensieren.[17]

Die Vorstellung von Palliative Care als medizinisches Korrekturprogramm ist sehr verbreitet. Man reichert die vorhandenen medizinischen Ressourcen mit einigen, auf das Sterben zugeschnittenen, medizinischen und nicht medizinischen Kompetenzen an und hofft damit, die prekäre Situation von Sterbenden in unserer Gesellschaft irgendwie in den Griff zu bekommen. Die Strategien laufen ungefähr darauf hinaus, den gesellschaftlichen Teufel mit dem palliativ-medizinischen Beelzebub auszutreiben. Unter dem Strich verstärken solche Bemühungen nur die verbreitete Haltung, Sterben sei mehr oder weniger ein körperlicher Defekt oder ein medizinisches Problem, dem mit der Ausbildung entsprechender Fachkompetenzen zu Leibe gerückt werden kann.

Wie in vielen Zusammenhängen, gilt auch hier: Wir handeln falsch, weil wir falsch denken (Georg Picht). Der Denkfehler besteht in einer

---

[17] Dass dessen ungeachtet diese Forderung gegenüber Palliative Care ganz selbstverständlich erhoben wird, sagt zunächst nur etwas über die Irrationalität von gesundheitspolitischen Zielsetzungen und Strategien aus.

falschen begrifflichen Bezugnahme: Sterben wird reflexartig – ganz im Sinne einer Krankheit – als Abweichung von Gesundheit verstanden und der Medizin überlassen. Sterben ist im Grund nichts anderes als eine entsprechend grosse und nicht korrigierbare Abweichung vom Zustand körperlicher Gesundheit. Man kann diese Haltung als pathogenetische Auffassung vom Sterben bezeichnen.[18] Ganz anders stellt sich das Sterben dar, wenn es nicht der Gesundheit, sondern dem Tod gegenübergestellt wird. Sterben verbindet sich dann mit dem Leben über den gemeinsamen Gegenbegriff des Todes. Sterben meint dann die mehr oder weniger ausgedehnte letzte Phase in der Lebensgeschichte eines jeden Menschen, die mit dem Tod endet. Natürlich ist Sterben häufig mit einer komplexen Krankheitssymptomatik verbunden, aber das macht das Sterben nicht zu einer Krankheit. Genau betrachtet kann Sterben nicht einmal als Krankheitssymptom bezeichnet werden, sondern ist eigentlich – in einem ganz trivialen Sinne – Symptom der Vergänglichkeit allen Lebens. Was dem Prediger der Bibel noch selbstverständlich war, erscheint uns heute zunehmend befremdlich: «Für alles gibt es eine Stunde, und Zeit gibt es für jedes Vorhaben unter dem Himmel: Zeit zum Gebären und Zeit zum Sterben» (Koh 3,1f.)

Hinter der Medikalisierung des Sterbens stehen ein fragwürdiges Menschenbild und eine eigenartige Auffassung vom Leben. Der Ausspruch einer sterbenskranken Frau bringt es auf den Punkt: «Ich bin nicht krank, ich sterbe nur!»[19] Natürlich ist eine gute medizinische und pflegerische Begleitung im Sterben unverzichtbar. Aber das ist längst nicht alles. Wir werden der Alltäglichkeit des Sterbens nicht gerecht, solange wir Sterben als einen medizinisch korrigierbaren Defekt oder Betriebsunfall des Lebens betrachten. Solange Sterben nicht zum Alltag gehört, bleibt es immer ein tendenziell einsames Sterben. Wenn wir fragen, was es zum Sterben braucht, gelangen wir zu einer verblüffend einfachen Antwort: Zum Sterben braucht es genau dasjenige, was zum Leben nötig ist – die Solidarität und Empathie der anderen, Kommunikation und Gemeinschaft, eine Umwelt, die offen ist für die Vielfalt und

---

18   Zur Kritik vgl. etwa Ivan Illich, Die Nemesis der Medizin – Die Kritik der Medikalisierung des Lebens, München 1995; Dieter Lenzen, Krankheit als Erfindung, Frankfurt/M. 1991.

19   Vgl. Oliver Tolmein, Keiner Stirbt für sich allein. Sterbehilfe, Pflegenotstand und das Recht auf Selbstbestimmung, München 2006, 7.

Gebrochenheit persönlicher Wahrnehmungen und Erfahrungen sowie etwas gesunden Menschenverstand. Sterbende benötigen nicht nur medizinische und spirituelle Fachkompetenzen, sondern zuerst und vor allem eine Lebenswelt, deren Menschlichkeit vor dem Sterben nicht Halt macht. Es geht um nicht mehr, aber auch nicht weniger als die Ermöglichung der Menschlichkeit im Sterben und die Bewahrung der Menschlichkeit der Sterbenden. Was ist mit dieser Menschlichkeit oder Humanität gemeint?

Der Theologe Karl Barth bemerkt in der Schöpfungslehre seiner *Kirchlichen Dogmatik*: «Die Humanität Jesu besteht in seinem Sein für den Menschen. Aus der Verbindlichkeit dieses Vorbildes für die Humanität überhaupt und im allgemeinen folgt [...]: Humanität schlechthin, *die Humanität jedes Menschen besteht in der Bestimmtheit seines Seins als Zusammensein mit dem anderen Menschen.*»[20] Die Humanität des Menschen ist eine «Bestimmtheit» die sich keiner philosophischen Einsicht oder empirischen Beobachtung verdankt. Vielmehr besteht sie «in der Eigentümlichkeit des menschlichen Seins, [...] Gottes Bundesgenosse zu sein».[21] «[D]ie Grundform der Humanität, die schöpfungsgemässe Bestimmtheit des menschlichen Seins im Lichte der Humanität Jesu [...] ist das Zusammensein des Menschen mit dem anderen Menschen.»[22] Gott ist in Jesus Christus mit sich mit den Menschen. Darin gründet die Menschlichkeit des Menschen und darauf zielt im Grunde alles menschliche Handeln: mit den Worten Calvins, «dass die Menschlichkeit des Menschen bestehen bleibt».[23]

Das biblisch-theologische Verständnis vom Menschen beginnt bei der Erkenntnis: Der Mensch «kann und wird ohne den Mitmenschen gerade das nicht sein, was er [...] sein möchte: er selbst [...]. Ein Ich ohne Du

---

[20] Karl Barth, Die kirchliche Dogmatik, Bd. III/2: Die Lehre von der Schöpfung, Zollikon-Zürich 1948, 290. Vgl. dazu Eberhard Busch, ‹Der Mensch ist nicht allein›. Das Problem der Einsamkeit in der Theologie Karl Barths, in: Jochen Denker/Jochen Marquardt/Borgi Winkler-Rohlfing (Hg.), Hören und Lernen in der Schule des Namens. Mit der Tradition zum Aufbruch. FS f. Bertold Klappert, Neukirchen-Vluyn 1999, 238–253.

[21] Ebd.

[22] Barth, KD III/2, 291.

[23] Calvin, Institutio (1559), IV 20,3.

kann und wird auch kein Ich sein».[24] Die Sozialität des Menschen beruht
nicht auf einem allgemeinen Bedürfnis nach Geselligkeit und Kommunikation, sondern darauf, dass Gott den Menschen zum Mitmenschen
geschaffen und bestimmt hat. Auch hier sprechen wir im Alltag häufig
unpräzise. Die Rede von der Mitmenschlichkeit als einem Bedürfnis ist
ebenso missverständlich wie die Behauptung, der Mensch habe ein Bedürfnis zu atmen. Der Mensch ist nicht Mitmensch, weil er mit anderen
Menschen zusammen sein will, sondern schlicht weil er als Mensch immer Mitmensch ist. Es geht an dieser Stelle nicht darum, was ein Mensch
will, sondern wer er ist. Diese ontologisch-anthropologische Einsicht hat
Konsequenzen für unseren Umgang mit dem Sterben: Die Einsamkeit
der Sterbenden durch die Medikalisierung des Sterbens ist dann nicht
nur die Missachtung eines menschlichen Bedürfnisses nach Integration
in die Gemeinschaft. Die Einsamkeit der Sterbenden ist in der ganzen
Schärfe des Wortes unmenschlich. «Unmenschlichkeit ist aber» – mit
Karl Barth – «jede angebliche Menschlichkeit, die nicht schon in der
Wurzel und von Haus aus Mitmenschlichkeit ist.»[25]

Mitmenschlichkeit meint die menschliche Entsprechung jener Beziehungshaftigkeit, die mit der Geschöpflichkeit des Menschen gegeben ist.
Gott der Schöpfer setzt sich zu sich und seinen Geschöpfen in Beziehung. In Jesus Christus ist Gott selbst den Menschen zum Mitmenschen
geworden. Die Humanität des Menschen besteht in seiner Bestimmung
zum «*Sein in der Begegnung mit dem anderen Menschen*».[26] Sein in der
Begegnung meint – mit den Worten Karl Barths – ein «Sein, in welchem
der Eine dem Anderen in die Augen sieht. Das ist nämlich der humane
Sinn des Auges: dass der Mensch dem Menschen Auge in Auge sichtbar
werde. [...] Dass das geschieht, dass dieser Andere ihm als *Mensch sichtbar* und von ihm als *Mensch gesehen* wird, das ist der humane Sinn des
Auges und seines Sehens. [...] Aber damit ist erst die Hälfte gesagt.
Wenn der Eine dem Anderen wirklich in die Augen sieht, dann geschieht
ja automatisch auch das, dass er sich vom Anderen in die Augen sehen

---

[24] Karl Barth, Die kirchliche Dogmatik, Bd. IV/2: Die Lehre von der Versöhnung,
      Zollikon-Zürich 1955, 499.
[25] Barth, KD III/2, 272.
[26] Barth, KD III/2, 296; vgl. dazu Dominik Becker, Sein in der Begegnung. Menschen
      mit (Alzheimer-)Demenz als Herausforderung theologischer Anthropologie und
      Ethik, überarbeitet und hg. v. Georg Plasger, Münster 2010, bes. 158ff.

lässt. Und dass gehört notwendig mit zum humanen Sinn des Auges: dass der Mensch *selbst* sich dem anderen Menschen sichtbar macht.»[27]

In diesen wenigen Sätzen steckt im Grunde eine komplette christliche Ethik und eine umfassende Bestimmung diakonischen Handelns. Bezeichnenderweise werden hier nicht Kompetenzen gefordert und abgefragt oder moralische Normen aufgestellt und begründet. Humanität realisiert sich in der Begegnung des Blicks zweier Menschen, in der Anwesenheit Auge in Auge.[28] Die Bereitschaft, den anderen zu sehen, ihn wirklich anzuschauen und sich ansehen zu lassen, also leibhaftig anwesend zu sein, macht die Mitmenschlichkeit aus, zu der wir als Menschen bestimmt sind. Der Unmittelbarkeit der Wahrnehmung, die mit dem Anblick des Anderen gegeben ist, muss nichts hinzugefügt werden: «Sieh hin und du weisst»![29]

Sein in der Begegnung beruht auf einer Wechselseitigkeit, auf der Symmetrie der Blicke. Darin hebt sich die Bestimmung von Humanität deutlich von unseren üblichen Vorstellungen von Sorge, Solidarität und Hilfe ab, die durch eine strukturelle Asymmetrie zwischen Helfenden und Hilfsbedürftigen gekennzeichnet ist. Der hilfsbedürftige Mensch droht lediglich im Blick auf seine spezifische Hilfsbedürftigkeit wahrgenommen zu werden. Der kompetente Blick ist stets selektiv und schränkt seine Aufmerksamkeit für die Person auf jene Aspekte ein, die aus seiner Perspektive relevant sind. Das Wesentliche der Begegnung, die Wechselseitigkeit des «Auge in Auge» geht damit verloren. Die Funktionalisierung des Blicks zeigt sich in der Beschränktheit der Erwartungen, die an die hilfsbedürftige Person gestellt werden. Der Mensch wird zwar in seiner Bedürftigkeit gesehen, aber er droht hinter dieser Bedürftigkeit zu verschwinden. Kein Mensch geht in seiner Bedürftigkeit auf, auch wenn sie noch so gross sein mag. Darin besteht die grosse Herausforderung jeder Form von Solidarität und Sorge: dass die Symmetrie der wechselseitigen Erwartungen, der Blick auf gleicher Augenhöhe und der Anspruch auf gleiche wechselseitige Bedeutung, gewahrt wird. Humanität – zugespitzt formuliert – realisiert sich nicht in dem bestimmten Engage-

---

[27] Barth, KD III/2, 299.

[28] ‹Auge in Auge›, also die Anwesenheit stehen im Zentrum der Überlegungen einer phänomenologischen Wahrnehmungsphilosophie und -ethik im Anschluss an Emanuel Levinas, Maurice Merleau-Ponty oder Bernhard Waldenfels.

[29] Hans Jonas, Das Prinzip Verantwortung. Versuch einer Ethik für die technologische Zivilisation, Frankfurt/M. 1984, 235.

ment für den Anderen, sondern in der uneingeschränkten Erwartung gegenüber dem Anderen.[30]

Die Geschichte vom barmherzigen Samaritaner, dem Prototyp christlicher Nächstenliebe, thematisiert bereits die Bedeutung der Wahrnehmung für ein Ethos helfenden Handelns. Der Priester und Levit sind offenbar unbeeindruckt von dem Gewaltopfer am Strassenrand. Sie helfen nicht, weil sie ihn nicht wirklich wahrnehmen. Sie mögen zwar etwas auf dem Boden liegend sehen, sie sehen aber nicht den Menschen, der dort liegt. Über den Samaritaner bemerkt die Bibel: Er kam vorbei, «sah ihn und fühlte Mitleid» – wörtlich: ‹es jammerte ihn›[31] (Lk 10,33). Kein fachkundiger Blick, keine kompetente Analyse der Lage, lediglich der Blick der Begegnung: «Sieh hin und du weisst». Die Mitmenschlichkeit des Samaritaners zeigt sich nicht darin, was er tut, sondern was ihn bewegt: Der Blick, durch den der Fremde für den Samaritaner bedeutungsvoll wird. Die Bibel nennt diesen Blick, der Begegnung stiftet und bedeutsam macht, Nächstenliebe.

4. Diakonie in Begegnung

Was folgt daraus für eine diakonische Praxis von Palliative Care? Ich beschränke mich auf einige wenige Bemerkungen sozusagen zum Ist-Zustand und zu einem möglichen Soll-Zustand. Für Palliative Care, wie für jede andere Form institutionalisierter Sorge und Hilfe gilt, dass Dienstleistungssektoren stets nur Dienstleistungen hervorbringen und anbieten. Professionalisierung und Ausdifferenzierung von Hilfsangeboten führen – wie Heinz Rüegger und Christoph Sigrist bemerken – dazu, «dass Helfen in vielen Fällen zum Beruf und berufliches Handeln zum Geschäft wurde. Mit anderen Worten: Helfendes Handeln – auch solches aus christlicher Motivation – gewinnt unweigerlich den Charakter eines Marktgeschehens».[32] Dagegen ist nichts einzuwenden. Allerdings

---

[30] Die Konsequenzen aus dem Primat der Erwartungsdimension für eine sozialphilosophische Theorie der Anerkennung, wie sie Axel Honneth entwickelt hat, wäre eine eigene Untersuchung wert.

[31] Vgl. Philipp Stoellger, ‹Und als er ihn sah, jammerte er ihn›. Zur Performanz von Pathosszenen am Beispiel des Mitleids, in: Ingolf U. Dalferth/Andreas Hunziker (Hg.), Mitleid. Konkretionen eines strittigen Konzepts, Tübingen 2007, 289–305.

[32] Heinz Rüegger/Christoph Sigrist, Diakonie – eine Einführung. Zur theologischen Begründung helfenden Handelns, Zürich 2011, 246f.

funktioniert der Markt von Gütern und Dienstleistungen nach eigenen Regeln. Seine beiden wesentlichen Merkmale sind die Knappheit der Güter und das Vertrags- bzw. Tauschprinzip, nachdem für jede Leistung eine Gegenleistung anfällt. Gewisse Güter lassen sich deshalb nicht auf dem Markt handeln: Empathie, Begegnung, Freundschaft oder Liebe sind tauschresistent, nicht handelbar und unbezahlbar. Es gibt sie weder auf Rezept noch als Versicherungsleistung.

Die Frage nach den Möglichkeiten und Grenzen des Dienstleistungssektors stellt sich auch im Rahmen der aktuellen Strategien zur Institutionalisierung von Palliative Care. Cornelia Knipping fragt, ob das «Pallium», also der Mantel der schützend über eine sterbende Person gelegt wird, nicht längst zum «Deckmantel» für eine Institution geworden ist, «die in ihrem ‹Angebot› auch Palliative Care führt».[33] Die Pflegefachfrau und Palliative Care-Spezialistin beobachtet eine Verschiebung von der ethischen Grundhaltung in Palliative Care zu einer technischen Palliativmedizin. Bereits heute zeigen sich Bürokratisierungsprozesse, die Knipping als Übergang von der «Gestaltung» zur «Verwaltung» von Palliative Care beschreibt. Kritisch bemerkt sie: «Palliative Care *reizt* zu Image und Konkurrenzgebaren, bei dem Palliative Care wohl formal aufgenommen, jedoch inhaltlich eher nur rudimentär verinnerlicht ist. Es fehlt häufig an menschenbezogenen und menschenfreundlichen Strukturen innerhalb der Organisation. Es mangelt an ausgebildeten Kompetenzen, die sich nicht nur auf die Fachkompetenz beziehen, sondern gleichermassen die Sozial- und Selbstkompetenzen integriert. Palliative Care figuriert *reizvoll* als äusseres Merkmal, doch die schwerkranken, alten und sterbenden Menschen bleiben zutiefst im Zeichen ihres Leides unbekannt, ungehört und unberührt. Palliative Care *reizt* und verführt dazu, die letzte Sorge und Fürsorge um die schwerkranken und sterbenden Menschen am Ende ihres Lebens an die professionell Tätigen, an die Palliative-Care-Fachleute zu delegieren. Sorge, Fürsorge, Respekt lassen sich jedoch nicht einfach delegieren, sondern sind menschliche Tugenden und sittliche Verpflichtungen gegenüber den von Krankheit, Alter und Leid betroffenen Menschen. Dies erfordert ein Grundmass an Achtsamkeit und Präsenz, eine Grundausstattung an Mitmenschlichkeit

---

[33] Cornelia Knipping, Menschenwürdig leben und sterben – bis zuletzt. Ein Plädoyer für eine menschenfreundliche Palliative Care, in: Manfred Belok/Urs Länzinger/Hanspeter Schmitt (Hg.), Seelsorge in Palliative Care, Zürich 2012, 47–59, 53.

und Solidarität, und dazu bedarf es keiner spezifischen Zurüstung und Qualifikation, sondern es braucht offene und bereite Häuser und Herzen, sich im Eigenen unterbrechen zu lassen, um dem Menschen am Ende seines Lebens [...] zum wahren Mitmenschen zu werden.»[34]

Es geht nicht darum, die mühsam und engagiert erstrittenen Erfolge von Palliative Care kleinzureden oder ihre Bedeutung in Frage zu stellen. Kritisch hinterfragt werden müssen nicht Palliative Care als Konzept, sondern die aktuellen Strategien ihrer Etablierung und ihrer Organisation. Dass das BAG Palliative Care weitgehend als Palliativ-Medizin propagiert, versteht sich nicht von selbst. Immerhin war die Hospizbewegung – als Vorläuferin von Palliative Care – mit einem dezidiert medizinkritischen Anspruch aufgetreten. Der Medizinlastigkeit der BAG-Strategie fehlt ein Gegengewicht, das Palliative Care erst zu dem macht, was sie sein will: eine umfassende, ganzheitliche Begleitung von Menschen am Lebensende.

Vergegenwärtigen wir uns noch einmal die Situation des Sterbens in der letzten Lebensphase: «Je mehr mir als einem Sterbenden meine Selbstbestimmung und damit die Verfügung über mein Leben zwischen den Fingern zerrinnen, je mehr ich mich davon verabschiede, desto wichtiger wird mir das komplementäre andere Bedürfnis nach Bedeutung für Andere, von Anderen gebraucht zu werden, für Andere – in welcher Form auch immer – notwendig zu sein.»[35] Dann kommt es vor allem darauf an, ob und wie es gelingt, dass der sterbende Mensch tatsächlich «Bedeutung haben» und sein Leben als «Sein in der Begegnung» erfahren kann. An dieser Stelle kommt die kirchliche Diakonie ins Spiel. Sie verfügt einerseits über die notwendigen strukturellen Voraussetzungen (lokale Vernetzung) und bringt andererseits ein spezifisches Selbstverständnis mit, das sie für die kommunikativen und sozial-integrativen Anliegen von Palliative Care in besonderer Weise prädestiniert. Zwei Aspekte sollen abschliessend hervorgehoben werden.

1. Kirchliche Diakonie ist nicht Sozialarbeit mit anderen Mitteln, sondern von ihrem Selbstverständnis her Reich-Gottes-Arbeit. Jürgen Moltmann hat in diesem Zusammenhang betont: «Diakonie ist dann nicht nur am vorhandenen Leiden des Menschen orientiert, sondern zugleich damit am Reich Gottes, der wahren Zukunft des Menschen.

---

[34] Knipping, Menschenwürdig leben, ebd., 57.
[35] Dörner, Leben, 214.

Ohne die Reich-Gottes-Perspektive wird Diakonie zur ideenlosen Liebe, die nur kompensiert und wiedergutmacht. Ohne die Diakonie wird allerdings die Reich-Gottes-Hoffnung zur lieblosen Utopie, die nur fordert und anklagt. Also kommt es in der diakonischen Praxis darauf an, die Liebe auf die Hoffnung und das Reich Gottes auf die konkrete Not zu beziehen.»[36] Diese Perspektive der Hoffnung kann und muss kirchliche Diakonie als genuinen Beitrag in der Begegnung mit Menschen am Lebensende einbringen. Die Hoffnung hält die Bedeutung der Sterbenden in ihrer Mitmenschlichkeit wach, auch wenn aus medizinischer Sicht nichts mehr getan werden kann und die Kommunikation längst verstummt ist. Selbst wenn der Blick nicht mehr erwidert werden kann, weil der Körper zu schwach, der Geist zu verwirrt oder die Seele zu erschöpft ist, begegnet im Anblick jedes sterbenden Menschen ein Geschöpf Gottes als sein Ebenbild und mein Mitmensch. Die Pointe dieser christlichen Sicht besteht darin, dass Zugehörigkeit nicht über menschliche Anerkennungsverhältnisse hergestellt wird, sondern von der allen Menschen von aussen zukommende Gabe Gottes ausgeht. Der niederländische Theologe und Ethiker Hans Reinders hat einmal bemerkt, dass man die Frage, was einen Menschen mit einer schweren körperlichen und geistigen Behinderung liebenswert mache, mit säkularen Begriffen kaum beantworten könne. Erst die christliche Perspektive erlaubt eine Antwort: Der Mensch ist liebenswert, weil Gott selbst diesen Menschen liebt.[37] Es geht hier nicht darum, irgendwelche christlichen Exklusivitätsansprüche zu behaupten, sondern umgekehrt eine Inklusionsperspektive zu eröffnen, die aus einer nicht christlichen Sicht kaum zu gewinnen ist bzw. vermittelt werden kann.[38]

---

[36] Jürgen Moltmann, Diakonie im Horizont des Reiches Gottes, Neukirchen-Vluyn 1989, 20.

[37] Vgl. Hans S. Reinders, Receiving the Gift of Friendship. Profound Disability, Theological Anthropology, and Ethics. Grand Rapids 2008, 162; vgl. dazu die lesenswerte Arbeit von Stefan Wenger/Delia Zumbrunn-Richner, Wer behindert hier wen? Geistige Behinderung aus anthropologischer und ekklesiologischer Perspektive. Seminararbeit im Fach Dogmatik bei Prof. Dr. Matthias Zeindler, Universität Bern, Theologische Fakultät, Bern 2012 (unveröff.).

[38] Vgl. Ulf Liedke, Beziehungsreiches Leben. Studien zu einer inklusiven theologischen Anthropologie für Menschen mit und ohne Behinderung, Göttingen 2009; Ralph Kunz/Ulf Liedke (Hg.), Handbuch Inklusion in der Kirchengemeinde, Göttingen 2013; Frank Mathwig, All inclusive? Inklusion und Menschenwürde mit einem Seitenblick auf die Gehörlosenseelsorge, in: ET-Studies 4, 2013/1), 29–47.

2. Auch Diakonie balanciert häufig auf dem schmalen Grat «zwischen Laienhaftigkeit und Profitum». Sie verfügt aber im Gegensatz zu anderen Institutionen über ein kritisches Regulativ mit der Frage, «wie im spezialisierten Alltag von Klinik oder Altenpflegeheim der reformatorische Grundgedanke vom Priestertum aller Gläubigen diakonisch durchgehalten werden kann».[39] Wenn Diakonie – wie der Theologe Ulrich Bach immer wieder betont hat – nicht eine Leistung der Kirche ist, sondern unauflösbar zum Wesen von Kirche als diakonischer Kirche gehört, dann ist und bleibt Diakonie ungeachtet aller Spezialisierung und Institutionalisierung eine Aufgabe der ganzen Kirche. Die in Palliative Care angestrebte Interdisziplinarität und Kooperation zwischen Professionellen, Freiwilligen und Angehörigen findet in der kirchlichen Diakonie schon immer und ganz selbstverständlich statt. Palliative Care könnte von den Erfahrungen diakonischer Arbeit in interdisziplinären und intermediären Strukturen lernen und darauf aufbauen.

Der Anspruch von Palliative Care, Sterbenden eine möglichst selbstbestimmte, sozial-integrierte Lebensweise zu ermöglichen, bedarf lebensweltlich eingebundener und funktionierender Solidarnetze. Der Psychiater Klaus Dörner stellt fest, dass die Kirchgemeinden hier einen «dramatischen Standortvorteil» haben, weil sie, soziologisch betrachtet, «die einzige flächendeckende Institution [sind], die mit ihrem Einzugsbereich ziemlich genau dem Territorium des dritten Sozialraums, des Wir-Raums der Nachbarschaft, entsprechen».[40] Die kirchliche Organisationsform könnte zum Ausgangspunkt für die Etablierung lokaler Netzwerke werden, die die Voraussetzung dafür bilden, dass Palliative Care tatsächlich dort hinkäme, wo sie eigentlich hingehört: zu den sterbenden Menschen. Stationäre Palliative Care-Angebote sind genau genommen nur in Ausnahmesituationen vorgesehen, weil sie dem Leitgedanken, ein Sterben in der vertrauten Lebenswelt zu ermöglichen, widersprechen. Kirchliche Diakonie könnte in dem Rahmen wichtige Aufgaben übernehmen: von der Angehörigenberatung über die Betreuung von Selbsthilfe- und Angehörigengruppen, die Schulung und Vermittlung von Freiwilligenarbeit bis hin zu zivilgesellschaftlichen Koordinationsaufgaben oder ein, auf die Bedürfnisse von begleitenden Angehörigen hin ausgerichtetes Case- und Care Management.

---

[39] Werner M. Ruschke, Spannungsfelder heutiger Diakonie, Stuttgart 2007, 71.
[40] Dörner, Leben, 114.

Dabei geht es nicht zuletzt um die Verteidigung des gesunden Menschenverstandes, der sich gegen alle professionell gebärdende Kompetenz auf seinen beherzten Dilettantismus verlassen kann. Die Diakonie befände sich damit in bester Gesellschaft. Immerhin war Jesus Christus, der Herr unserer Kirche – jedenfalls im Blick auf unsere modernen Kompetenzrhetoriken – selbst ein blutiger Amateur. Professionalisierung und Institutionalisierung sind – auch das lässt sich der biblischen Botschaft entnehmen – per se «mutresistent» und deshalb im eigentlichen Sinne hoffnungslose Weisen der Weltgestaltung. Klaus Dörner hat einmal bemerkt: «Kirche ohne Diakonie verliert die Erde – Diakonie ohne Kirche verliert den Himmel».[41] Eine Gesellschaft, die das Sterben verdrängt oder nur noch verwaltet, verliert beides: die Erdung des menschlichen Lebens und die himmlische Gabe der Mitmenschlichkeit.

---

[41] Klaus Dörner, Kirche ohne Diakonie verliert die Erde – Diakonie ohne Kirche verliert den Himmel, in: epd Dokumentation, Nr. 13/21.03.2006.

Seelsorge und Spiritual Care[1]

Isabelle Noth

1. Einleitung

Gerade letzte Woche erschien von Peter Schneider, Psychoanalytiker und Satiriker, eine Kolumne zu Fragen des Sterbens.[2] In einer Schweizer Tageszeitung schrieb ihm Frau H., sie sei zwar noch in der Lebensmitte, hätte aber dennoch schon vorgesorgt und ihr Testament und eine Patientenverfügung verfasst, einen Organspendeausweis besorgt und sie sei Mitglied bei der Suizidbeihilfeorganisation Exit geworden. Nun hätte ihr aber ihr Mann in einem Gespräch mitgeteilt, er benötige das alles nicht. Das Paar geriet in einen Konflikt: Während sie ihm Verantwortungslosigkeit vorwarf – die Vorkehrungen treffe man ja schliesslich für sein Umfeld –, bezichtigte er sie wiederum der Intoleranz. Peter Schneider schrieb Frau H. darauf folgendes:

Liebe Frau H.

Wie Ihr Mann verfüge ich [...] weder über ein Testament noch eine Patientenverfügung und auch über keinen Organspendeausweis. Vor allem bin ich weder Mitglied bei Dignitas noch bei Exit, weil ich diese Form der institutionalisierten Selbstentsorgung unter dem Titel einer ‹finalen Selbstbestimmung› nämlich grauenvoll finde. Ich setze auf die Segnungen der palliativen Medizin und Pflege und hoffe, dass meine Hoffnung nicht enttäuscht wird.

Was das Testament betrifft, so gibt es da nicht viel zu regeln: Meine Frau und mein Sohn werden mich beerben. Prinzipiell habe ich freilich nichts dagegen, das auch noch schriftlich festzuhalten. Auch eine Patientenverfügung finde ich nicht grundsätzlich unsinnig. Was mich an beidem allerdings stört, ist die Auffassung, der Besitz von beidem sei eine Art Bürgerpflicht und der Nichtbesitz darum Ausdruck der Verantwortungslosigkeit gegenüber den Überlebenden.

Ich glaube, es ist eher umgekehrt: Es ist der Wunsch nach Nichtverantwortung für das (Rest-)Leben eines Sterbenden, der diese Formen der ‹Selbstbestimmung›

---

[1] Vortrag gehalten an der Tagung «Palliative und Spiritual Care. Medizinische und theologische Perspektiven» vom 29.04.2013 an der Universität Bern. Der Vortragsstil wurde beibehalten.

[2] Der kleine Bund vom Mittwoch, 24.04.2013, 36. [Leser fragen: «Was sind wir unseren Hinterbliebenen schuldig?»].

so populär hat werden lassen. Die Anführungszeichen setze ich, weil es sich dabei um eine fiktive Selbstbestimmung handelt, die vor allem dazu dient, die Mediziner und die Angehörigen von etwaigen moralischen Skrupeln bei ihren Entscheidungen zu entlasten. Ich aber weiss gar nicht, was ich angesichts meines nahenden Ablebens möchte. Ich vertraue mehr dem Urteil meiner Angehörigen als einer von mir in die Welt gesetzten abstrakten Patientenverfügung. Von der letzten Verantwortung für mich kann und will ich niemanden befreien. So wie ich meinerseits von dieser Verantwortung für meine Angehörigen nicht befreit werden kann und will. […][3]

Mein Interesse gilt dieser letzten Aussage: «Von der letzten Verantwortung für mich kann und will ich niemanden befreien. So wie ich meinerseits von dieser Verantwortung für meine Angehörigen nicht befreit werden kann und will.» Ungeachtet der eigenen Einstellung – ob man eher mit Frau H. oder mit ihrem Mann sympathisiert –, Peter Schneider weist hier auf etwas hin, das in der gesellschaftlichen Diskussion rund ums Lebensende selten wirklich vertieft wird. Man kann heute nicht mehr ohne Weiteres von einer Verdrängung oder «Tabuisierung des Todes»[4] sprechen, jedoch von einem ungenügenden Anerkennen und einer mangelnden Reflexion der eigenen grundlegenden Abhängigkeit.

Es fällt schwer, sich die eigene Abhängigkeit in einer Gesellschaft einzugestehen, in der Selbständigkeit und Freiheit zu den Leitwerten gehören. Wäre die Notwendigkeit eines tragenden sozialen Umfeldes wirklich im allgemeinen Bewusstsein präsent, so würden gesamtgesellschaftlich Beziehungen intensiv gepflegt werden.

Peter Schneider schreibt, er wolle bzw. könne sich gar nicht bis zuletzt verantworten; es käme ein Punkt, eine Phase, da müsse er sich überantworten. Die eigene Autonomie, die Selbstbestimmung gelangt irgendwann an eine Grenze. Wir können gar nicht anders als uns einander zumuten.

Es lässt sich fragen, ob es wirklich nur das Sterben bzw. die Schmerzen sind, die so ängstigen, oder nicht vielmehr die mit dem Sterben oft verbundene radikale und intime Abhängigkeit von der Zuwendung anderer und die Angst, dass es diese Anderen im Sinne von Nächsten womöglich nicht gibt. Habe ich wirklich Nächste? Kann ich mich auf Menschen verlassen? Und: Ist auf mich Verlass?

—

[3]   Ebd.
[4]   Gian Domenico Borasio, Über das Sterben. Was wir wissen, was wir tun können, wie wir uns darauf einstellen, München [7]2012, 10.

Der Dogmatiker Wilfried Härle schreibt, der Glaube sei «das grundlegende, daseinsbestimmende Vertrauen oder Sich-Verlassen eines Menschen auf ein Gegenüber».[5] Im christlichen Glauben ist dieses Gegenüber im Letzten Gott und im Vorletzten der Nächste.[6]

Was heisst dies nun aber für die Seelsorge am Kranken- und Sterbebett, und welche Implikationen ergeben sich für Spiritual Care? Im Folgenden umreisse ich zuerst Aufgabe und Bedeutung der Kranken- und Sterbeseelsorge (2.), um dann auf dieser Grundlage nach einem zumindest vorläufig angemessenen Verhältnis von Seelsorge und Spiritual Care zu fragen (3.).

2. Aufgabenbestimmungen von Kranken- und Sterbeseelsorge

Kranke zu betreuen und Sterbende zu begleiten, gehören mit zum kirchlichen Grundauftrag und zum Kernbestand der christlichen Tradition.[7] Über Jahrhunderte hinweg galt es als selbstverständlich, den Pfarrer ans Sterbebett zu holen, damit er die Beichte abnehme und die letzte Ölung erteile oder schlichtweg im Gebet präsent sei. Doch: «Die Zeiten, in denen ein Pfarrer/ein Priester regelmässig zum Bett eines sterbenden Menschen gerufen wurde, sind lange vorbei.»[8]

Vor diesem Hintergrund habe ich in älteren und neueren Lehrbüchern der Poimenik (Seelsorgelehre) geschaut, was zur Sterbeseelsorge gesagt wird. Dieser Blick in Vergangenheit und Gegenwart hat für mich Erstaunliches zu Tage gebracht, nämlich dass es gar nicht so klar ist, wie die Aufgabe der Seelsorge am Lebensende eigentlich zu bestimmen ist. Ich bin auf eine bemerkenswerte Fülle unterschiedlicher Bestimmungen dessen gestossen, was Anforderung, Inhalt und Zielsetzung von Seelsorge betrifft. Ich möchte Ihnen einige Beispiele aus dem vergangenen und aus

---

[5]   Zitiert nach Margot Kässmann, Was können wir hoffen – was können wir tun? Antworten und Orientierung, Freiburg i. Br. 2003, 88.

[6]   Vgl. ebd.

[7]   Vgl. Michael Utsch, Wer sorgt für die Seele eines kranken Menschen? Das Konzept ‹Spiritual Care› als Herausforderung für die christliche Seelsorge, in: Materialdienst der EZW. Zeitschrift für Religions- und Weltanschauungsfragen 9, 2012, 343–347, 344: «Die Krankenbetreuung und Sterbebegleitung war über viele Jahrhunderte eine zentrale kirchliche Aufgabe.»

[8]   Michael Klessmann, Seelsorge. Begleitung, Begegnung, Lebensdeutung im Horizont des christlichen Glaubens. Ein Lehrbuch, Neukirchen-Vluyn 2008, 383.

unserem Jahrhundert geben, damit Sie die Spannweite und auch die Entwicklung sehen. Wenn Sie nun im Folgenden einige Texte hören, dann versuchen Sie sich doch bitte vorzustellen, wie es sich wohl anfühlt, wenn ein Pfarrer mit der im Lehrbuch angepriesenen Haltung ans Bett tritt.

1. Das erste Beispiel ist Ernst Christian Achelis *Praktische Theologie* von 1893. «Der Pastor erscheint nicht als Inquisitor oder Richter, sondern namens der Gemeinde Christi als Diener Christi, still, freundlich, nicht überlaut redend, in teilnehmender Liebe, in Geduld, den Klatsch wehrend, linde hinlenkend auf Gottes Wort. [...] Jeden Kranken hat der Pastor auf den Tod vorzubereiten, d.h. nicht, ihm den nahen Tod anzukündigen, sondern ihm zu der Verfassung zu verhelfen, dass der Tod ihm kein Verlust ist [...] Rohheiten seien ausgeschlossen, aber auch jedes Versäumnis und alle Feigheit. [...] Wird das Bleiben des Kranken am Wort Jesu und das Festhalten am Glauben erreicht, so ist der Prozess der Heiligung und der Vollendung vorhanden. Dazu bringe der Pastor die Gemeinschaft der Kirche durch Bericht vom Sonntags-Gottesdienst in die Krankenstube [...]».[9]

Aufgabe der Seelsorge am Sterbenden ist demnach die rechte Vorbereitung auf den Tod durch Festhalten am Glauben. Wir haben hier das Beispiel einer gütig-paternalistischen Mischung aus Freundlichkeit, Zugewandtheit und Belehrung, die dazu dient, den Sterbenden auf den rechten Weg der Heiligung und Vollendung zu wissen. Anliegen von Seiten des Kranken kommen nicht vor. Er ist das (ausgelieferte) Objekt kirchlich-religiöser Praxis.

Was auffällt, ist erstens die explizite Erwähnung der Verbundenheit mit der Gemeinde, die über den Bericht vom Sonntags-Gottesdienst bestärkt wird, und zweitens, dass die Hinterbliebenen mit einem doppelt so langen Abschnitt bedacht werden als die Sterbenden.[10] Von den Hinterbliebenen heisst es, dass sich nach der Beerdigung bei ihnen zuweilen «die Neigung zu weichlicher Grübelei» geltend mache, «die durch Mahnung zu treuer Pflichterfüllung und zu Liebesbeweisen gegen andre bekämpft» werden solle, «was den Egoismus des Schmerzes zerstört.»[11]

---

[9]   Ernst Christian Achelis, Praktische Theologie, Freiburg i. Br. [3]1899 ([1]1893), 238f.
[10] Vgl. ebd., 239. Achelis unterscheidet das Bedürfnis der Hinterbliebenen nach Seelsorge, je nachdem ob ein Erwachsener oder ein Kind gestorben ist.
[11] Ebd.

Wir hören auch hier ein spezifisches Verständnis von Schmerz und merken, dass auch dieses zeitgebunden ist.

Die Aufgabe der Seelsorge kann als Vorbereitung und Mahnung zusammengefasst werden. Diesem Verständnis begegnet man auch fünfzig Jahre später in der Mitte des 20. Jahrhunderts.

2. Theodor Bovet: *Lebendige Seelsorge. Eine praktische Anleitung für Pfarrer und Laien* von 1951. Hier beginnt das Kapitel «Vom Tode» mit der Frage, «ob der Seelsorger das Recht oder gar die Pflicht habe, dem Kranken ‹die Wahrheit› zu sagen, das heisst, ihn auf den Tod vorzubereiten.»[12] Er erwähnt einen «Widerstreit der Meinungen, insbesondere zwischen Seelsorger und Arzt».[13] Wir hören also von interdisziplinären Problemen der zeitgenössischen Sterbebegleitung. Sie gipfeln m. E. in der Aussage, dass die meisten Menschen eine schlechte Prognose nicht vertragen würden und «in Depression oder Panik» verfielen, weshalb man einem Betroffenen lieber, «ohne zu lügen», erklären könne, «er habe vorläufig nichts zu befürchten, man werde ihm sagen, wenn wirkliche Gefahr vorhanden sei. Und dann kann man ihn kurz vor dem Tod in angemessener Form warnen.»[14] Auch hier fliesst ein Übermass an Paternalismus in den seelsorgerlichen Umgang mit Kranken ein. Diese müssen vermeintlich vor sich selber beschützt werden.

Nun kommt die Bestimmung: «Die Aufgabe des Seelsorgers besteht darin, den Tod an den ihm gebührenden Platz hinzustellen. [Sie] besteht darin, den sterbenden Menschen an den ihm gebührenden Platz zu stellen. Wir sterben nicht uns, sondern dem Herrn. [...] Der Tod ist nicht nur Ende, er ist immer auch Anfang; nicht nur jenseits für den Entschlafenen, sondern auch hier auf Erden für die Zurückgebliebenen. Wenn der Seelsorger das zeigen kann, dann hat er Gottes Wort verkündigt.»[15]

Wir sehen auch hier das Anliegen, dem Tod den Stachel zu nehmen. Es gilt, eine christliche Deutung dessen, was bevorsteht, mit Überzeugung zu vertreten. Dabei findet auch hier eine gewisse Abwertung oder besser Zurückdrängung des Sterbenden und seines vermeintlichen Ego-

---

12 Theodor Bovet, Lebendige Seelsorge. Eine praktische Anleitung für Pfarrer und Laien, Bern ²1954 (¹1951), 143.
13 Ebd.
14 Ebd., 144.
15 Ebd., 146f.

ismus statt. Auch hier bezieht der Blick die Hinterbliebenen explizit und ausführlich mit ein.

3. Ich möchte nun einen Sprung machen zu Hans Van der Geest, von dem ein Buch aus den 1980er Jahren stammt, das eine ganze Generation von SeelsorgerInnen geprägt hat: *Unter vier Augen. Beispiele gelungener Seelsorge* von 1981. In seiner Analyse der Begleitung einer evangelischen Frau auf dem Sterbebett durch einen Priester schreibt er: «Angesichts des Leidens und des Todes sieht die Relevanz kirchlicher Auseinandersetzungen anders aus als in theologischen Diskussionen. Es gibt eine Grenze, über die hinaus Trennungslinien zwischen Gruppen von Menschen nicht mehr gelten.»[16] Und er fragt, was denn «das Spezifische» der Seelsorge in der betreffenden Situation am Sterbebett sei und meint: «Ich glaube, es ist die Transparenz auf Gottes Nähe.»[17] Der Geistliche sei «durch seine Funktion ein Hinweis auf Gott». «Sein Besuch bei Frau Heß ist gewichtig geworden, weil er die Bedeutung seiner einzigartigen Funktion ernst genommen hat.»[18]

Hier ist etwas Einschneidendes geschehen: Am Lebensende – im Angesicht von Leiden und Tod – hätten «kirchliche Auseinandersetzungen und theologische Diskussionen» zurückzutreten. An der Grenze von Leben und Tod verliert zwischenmenschlich Trennendes seine Bedeutung. Hier geht es nicht mehr um die rechte Lehre, hier kann ein katholischer Priester zu einer evangelischen Frau ans Sterbebett gehen, denn er geht nicht als Katholik, sondern als Seelsorger, dessen «Funktion ein Hinweis auf Gott» ist. Als Seelsorger steht er für etwas, das van der Geest als «Transparenz auf Gottes Nähe» beschreibt. Weder Trost noch Mahnung machen die Seelsorge an Sterbenden aus, sondern der rein durch die Präsenz und Zuwendung des Seelsorgers sich manifestierende «Hinweis auf Gott.»

4. Ich komme zur Gegenwart, zur *Seelsorgelehre* von Jürgen Ziemer von 2000. Im Kapitel «Seelsorge an Sterbenden» schreibt Ziemer, dass Seelsorgende «zuerst als Menschen gefordert sind. Was Sterbende brauchen,

---

[16] Hans van der Geest, Unter vier Augen. Beispiele gelungener Seelsorge, Zürich ³1986 (¹1981), 176.
[17] Ebd., 179.
[18] Ebd.

ist in erster Linie eine ganz schlicht menschliche Zuwendung und erst in zweiter Linie und damit verbunden eine spezifische seelsorgerliche Begleitung.»[19] Diese schlichte menschliche Zuwendung bezieht den Körper mit ein, denn: «Oft sind weniger Worte angebracht und möglich, dafür eher eine Geste der Berührung.»[20] Die «Bedürfnisse Sterbender» werden in einem eigenem Unterkapitel behandelt und explizit darauf hingewiesen: «Gerade in der Seelsorge sollten wir uns darüber im Klaren sein, dass es zunächst um körperliche Bedürfnisse geht».[21] In der Seelsorge lässt sich erstmals die Priorisierung der Sorge um den Leib feststellen.

Interessanterweise hat sich nun der Blick auf die Thematik der Vorbereitung auf den Tod wie umgekehrt. War es vor hundert Jahren bei Achelis noch der Seelsorger, der den Sterbenden auf den Tod vorzubereiten hat, so ist es nun heute bei Ziemer der Seelsorger selbst, der sich auf den Tod vorbereiten muss. So schreibt Ziemer: «Die wichtigste Form der Vorbereitung auf die Aufgaben der Sterbeseelsorge besteht darin, eine eigene Einstellung zum Tod zu finden.»[22]

Im Lehrbuch werden nun nicht mehr Anweisungen gegeben, was der Seelsorger zu sagen hat, sondern ihm wird im Gegenteil klar gemacht, dass er zu hören hat. Seine Rolle, seine Aufgabe als Verkündiger des Wortes Gottes, hat sich radikal verändert. Nun ist er derjenige, der dem Sterbenden zuhört. So schreibt Ziemer: «Sterbende möchten oft erzählen».[23] Dieses Erzählen wird gar noch weiter qualifiziert: «Seelsorge ist eben auch Beichte. Und so selten heute eine förmliche Beichte gewünscht wird – deren alte Funktion, kritisch Bilanz zu ziehen und Schuld in Gegenwart einer Anderen vor Gott auszusprechen, behält ihre bleibende Notwendigkeit.»[24] Schliesslich wird der Seelsorger vom Zuhörer sogar zum gänzlich Schweigenden: «Es mit den Menschen in ihrer Not schweigend und solidarisch auszuhalten – das könnte eine der wichtigsten seelsorgerlichen Aufgaben sein.»[25] Der Blick richtet sich explizit zuerst auf die Person des Seelsorgenden als Mitmenschen bzw. als Nächsten und erst danach auf ihn als Spezialisten und auf seine Kompetenzen.

---

[19] Jürgen Ziemer, Seelsorgelehre, Göttingen 2000, 290.
[20] Ebd.
[21] Ebd., 292.
[22] Ebd., 290.
[23] Ebd., 294.
[24] Ebd.
[25] Ebd.

Diesen Befund erhärtet auch das nächste aktuelle Beispiel.

5. Hielt es Theodor Bovet noch für richtig, den Sterbenden zu beruhigen und erst kurz vor seinem Ableben über seinen effektiven Gesundheitszustand zu informieren, so begründet Martina Plieth in *Seelsorge im Kontext von Sterben, Tod und Trauer* (2007) die Notwendigkeit von Seelsorgern damit, dass diese «die Aufgabe [hätten], behutsam darauf hinzuweisen, dass nicht mehr viel (gemeinsame) Zeit zur Verfügung steht, und den Auftrag [hätten], dazu beizutragen, dass die abnehmende, äusserst begrenzte Zeit sinnvoll genutzt wird.»[26] Dabei gelte es festzuhalten: Sterben «ist und bleibt Leben bis ganz zum Schluss; das mit allen dazu gehörigen Konsequenzen deutlich zu machen, gehört zu den zentralen Aufgaben von Seelsorgeübenden.»[27] Daraus folgt auch ihr Urteil, dass es v. a. «[d]ie Aufgabe der Kommunikationsermöglichung und -erhaltung» sei, die die Seelsorge «im perimortalen Kontext» ausmache.[28] Dabei zeichne christliche Seelsorge ihr spezifisches «Deutungsangebot im Horizont des christlichen Glaubens» aus: «Die in ihnen [sc. Hoffnungsbilder] gespeicherte bzw. mit ihnen zu transportierende Zentralbotschaft ist äusserst schlicht [...]: ‹Was auch geschieht, du sollst niemals allein, sondern stets *ein Mensch in Beziehung* sein!›»[29] Diese neue Haltung in der Seelsorge spiegelt sich auch im Handwörterbuch *Religion in Geschichte und Gegenwart* (RGG), wo die Begleitung von Sterbenden «zunächst und v. a. Beziehungsarbeit» bedeutet.[30]

Wenn wir die fünf Beispiele nochmals vorbeiziehen lassen, dann zeigt sich uns ein «weg von der Lehre, der Verkündigung, der Mahnung» und eine «Hinwendung zum Menschen». Ich bin geneigt, von einer Bewegung der Humanisierung der Seelsorge zu sprechen. Der Sterbende ist nicht mehr Objekt, an dem ich meine Funktion ausübe und meine Kompetenzen erprobe bzw. demgegenüber ich mich primär als Professi-

---

[26] Martina Plieth, Seelsorge im Kontext von Sterben, Tod und Trauer, in: Wilfried Engemann (Hg.), Handbuch der Seelsorge. Grundlagen und Profile, Leipzig ²2009 (¹2007), 446–463, 454.
[27] Ebd.
[28] Ebd., 455.
[29] Ebd., 452 (Hervorhebung IN).
[30] Johann-Christoph Student, Art. ‹Sterbebegleitung›, in: RGG⁴, 2004, Sp. 1719f., 1719.

onelle verhalte, sondern angesichts des bevorstehenden Todes rücke ich
als Nächste in den Blick. Mein eigenes Menschsein und in Beziehung-
Sein tritt in den Vordergrund. Kritisch ist anzumerken, dass die Gemeinschaft in den Hintergrund rückt. Nicht mehr kirchliche Zurüstung im
Glauben, sondern entspanntes vertrauensvolles Zuhören. Nicht mehr
paternalistische Verkündigung, sondern solidarisches Schweigen.

3. Zum Verhältnis von Seelsorge und Spiritual Care

Spiritual Care kommt mir als schwungvolles, attraktives, notwendiges
und verlockendes Angebot entgegen. Markus Zimmermann-Acklin –
Präsident der Leitungsgruppe des Nationalen Forschungsprogramms
NFP 67 «Lebensende»[31] – urteilt folgendermassen: «Die grosse Aufmerksamkeit für Palliative Care ist eine einmalige Chance für die Seelsorge, in
ihrer Arbeit wahrgenommen, akzeptiert und gefördert zu werden.»[32] Da
muss mir ja das Herz aufgehen!

Ja, ich sehe diese einmalige Chance; das Konzept ist bestechend, interdisziplinäre Zusammenarbeit ist nötig, und dennoch stutze ich bei
solchen Aussagen, die uns etwas schmackhaft machen wollen, und werde
hellhörig, weil von disziplinären Interessen her gedacht und argumentiert
wird anstatt von den Kranken und Sterbenden. So verwundert auch
nicht der Befund, dass «die Zusammenarbeit von ärztlicher und pastoraler Betreuung häufig nicht so reibungslos verlaufe, wie es aus Patienten-
sicht wünschenswert wäre. Zu unterschiedliche Menschenbilder, Ge-
sundheitsideale, Behandlungsmethoden, fachliche Rivalitäten und Aus-
bildungstraditionen stossen hier aufeinander.»[33] Das geschieht, wenn von
Eigeninteressen, Statusdenken und Machterhalt statt von den Betroffenen und ihren Bedürfnissen her gedacht wird. Das geschieht, wenn Hilfe
um der Helfer willen geschieht.

Die Begleitung von Sterbenden wurde früher selbstverständlich von
Familien, Freunden und Nachbarn wahrgenommen. Und natürlich
spielte der Pfarrer eine zentrale Rolle. Hier ist es zu entscheidenden Ver-
schiebungen gekommen: «In den heutigen Bildern vom Sterben haben

---

[31] Vgl. www.nfp67.ch/D/Seiten/home.aspx (Zugriff am 29.04.2013).
[32] Markus Zimmermann-Acklin, Palliative Care – Möglichkeiten und Grenzen aus
     sozialethischer Sicht, in: Manfred Belok/Urs Länzlinger/Hanspeter Schmitt (Hg.),
     Seelsorge in Palliative Care, Zürich 2012, 61–73, 70.
[33] Utsch, Wer sorgt für die Seele, 345.

der Arzt und die Pflegekraft den Pfarrer und die Familie am Sterbebett
weitgehend abgelöst.»[34]

Nun lesen wir u. a. bei Gian Domenico Borasio, dass über 90 Prozent
der Menschen am liebsten daheim sterben möchten, jedoch nur etwa ein
Viertel dies effektiv tun.[35] So überschreibt er auch das betreffende Kapitel
mit «Wunsch und Wirklichkeit». «Die meisten Menschen in den hier
vorausgesetzten Gesellschaften sterben in Spitälern und Pflegeheimen.»
Es ist demnach zu einer «Verlagerung des Sterbeortes»[36] gekommen. Dabei – so wiederum Borasio – könnten «die allermeisten Sterbevorgänge
(die Schätzungen gehen bis zu 90 Prozent) [...] mit Begleitung von
geschulten Hausärzten und gegebenenfalls Hospizhelfern problemlos zu
Hause stattfinden. Bei ca. 10 Prozent ist spezialisiertes palliativmedizini-
sches Wissen notwendig, das in den meisten Fällen ebenfalls im häusli-
chen Bereich angewendet werden kann. Und bei lediglich 1 bis 2 Prozent
der Sterbenden sind die Probleme so gravierend, dass sie nur auf einer
spezialisierten Palliativstation behandelt werden können.»[37] Aus diesem
Befund folgert die Praktologin Martina Plieth, dass Palliativstationen
und Hospize «genau genommen Ersatz-Institutionen (seien), die dazu
beitragen, die in Familien- und Freundeskreisen nicht mehr vorhandenen oder zumindest löcherig gewordenen ‹sozialen Auffangnetze› zu
substituieren.»[38] Stichworte wie Hospitalisierung, Medikalisierung, Priva-
tisierung und Professionalisierung rund ums Sterben sind Folge gesell-
schaftlicher Entwicklungen. Michael Klessmann bringt es auf den Punkt:
«Wenn familiale und nachbarschaftliche Hilfsmechanismen ausfallen,
treten Spezialisten an deren Stelle.»[39]

Seelsorge und insbesondere diejenige in den Kirchgemeinden hätte
hier gerade von einem systemischen Ansatz her viel zu tun und Kirchgemeinden viel zu bieten. Die Aufgabe besteht darin, an der eigenen Netz-
werksensibilität zu arbeiten. Die Netzwerke sind ja schon da, nur an der
Sensibilität fehlt es noch.

---

34   Katrin Wilkening, Spirituelle Dimensionen und Begegnungsebenen mit Tod und
      Sterben im Alter, in: Ralph Kunz (Hg.), Religiöse Begleitung im Alter. Religion als
      Thema der Gerontologie, Zürich 2007, 121–142, 127.
35   Borasio, Über das Sterben, 29.
36   Plieth, Seelsorge, 448.
37   Borasio, Über das Sterben, 25.
38   Plieth, Seelsorge, 448.
39   Klessmann, Seelsorge, 384.

Borasio verweist auch auf die Studie von Martin Fegg von 2008 zu Wertvorstellungen Sterbender: «Die Ergebnisse zeigen eindrucksvoll, dass Menschen, die den Tod vor Augen haben, die Wichtigkeit der anderen entdecken. Bei allen getesteten schwerstkranken Menschen lässt sich [...] eine Verschiebung ihrer persönlichen Wertvorstellungen hin zum Altruismus beobachten [...].»[40] Sie merken nun, «worauf es wirklich ankommt.»[41]

Hier hat das prophetische Element der Seelsorge zum Zuge zu kommen. Nicht erst am Ende des Lebens auf dem Totenbett sollen Menschen merken, worauf es ihnen wirklich ankommt, sondern schon zu Lebzeiten!

Die Integration der Seelsorge in ein ganzheitliches Behandlungskonzept Palliative Care entscheidet sich nach meiner Auffassung wesentlich an der Frage, wie es umgesetzt werden soll. Niemand hat die Anfragen so deutlich formuliert wie die Praktologin Isolde Karle. Sie verweist auf die «Unschärfe des Begriffs Spiritualität», auf die Tendenz zur «Entkonkretisierung von Religion» und aufgrund der «individualistischen Reduktion des Verständnisses von Spiritualität» auch zur Aufhebung just jener Sozialität, die die Sicht von Menschen als Nächste befördert.[42] Sie warnt auch vor einer «Verzweckung als Behandlungsmethodik einer Berufsgruppe».[43]

Ich kann die Sorge nachvollziehen. Wenn ich Messinstrumente wie etwa SPIR anschaue – ein «halbstrukturiertes klinisches Interview zur Erhebung einer spirituellen Anamnese» – und da als erste Frage lese: «Würden Sie sich im weitesten Sinne als gläubigen (religiösen/spirituellen) Menschen betrachten?»[44], so ist meine spontane Reaktion als Seelsorgerin: Hoffentlich getraut sich die Person angesichts der Asymmetrie von Arzt und PatientIn, die Auskunft auch zu verweigern. Gerne möchte ich von Seiten der Seelsorge sagen: Das sind Dinge, die man nicht ab-

---

[40] Borasio, Über das Sterben, 90.

[41] Ebd.

[42] Isolde Karle, Perspektiven der Krankenhausseelsorge. Eine Auseinandersetzung mit dem Konzept des *Spiritual Care*, Wege zum Menschen 62, 2010/6, 537–555, 544–546.

[43] Ebd., 546.

[44] Eckhard Frick, Spiritual Care – nur ein neues Wort?, Lebendige Seelsorge 60, 2009/4, 233–236, 234.

fragt, sondern erfährt, und zwar wenn man das Vertrauen einer Person gewonnen hat.

Karle verweist weiter auf die Zielfreiheit von Seelsorge – sie kann sich daher schwer in ein Behandlungskonzept zwängen lassen. Sie orientiert sich nicht an der «Leitunterscheidung gesund/krank», sondern transzendent/immanent. «Eine Funktionalisierung von Religion und Seelsorge für Gesundheit [...] ist problematisch [...].»[45]

Nach Ansicht von Karle «verlöre die Seelsorge sowohl im Hinblick auf ihre grundsätzliche Offenheit und Zielfreiheit in der Kommunikation als auch im Hinblick auf ihre religiösen Ressourcen und inhaltlichen Perspektiven ihr entscheidendes Potenzial.»[46] Ich finde diese Gedanken ausgesprochen wichtig, ich kann die Sorge nachvollziehen und denke, die Gefahr besteht, dass Seelsorger zu so etwas wie Spiritualitätsbeauftragte degradiert werden und sich damit letztlich selber den Boden entziehen und den Vertrauensvorschuss verlieren. Ich gehe aber zugleich davon aus, dass im Gespräch und in der Auseinandersetzung Wege gefunden werden können, dass Seelsorge ihren Auftrag so wahrnehmen kann, dass sie sich selber treu bleibt, dass die sie prägende Tradition, die sie auszeichnenden «religiösen Sinnformen»[47] und Rituale den ihnen gebührenden Platz beibehalten. Hierzu benötigt es das interdisziplinäre Gespräch und womöglich das Aushalten von Fremdheit. Vielleicht ist es gerade sie, die den Kranken und Sterbenden von Seiten der Seelsorge am meisten in der interprofessionellen Zusammenarbeit in Spiritual Care hilft.

Borasio schreibt: «Besonders beeindruckend sind in diesem Punkt die Krankenhausseelsorger. Sie lassen sich [...] durch einen eingeschränkten Bewusstseinszustand nicht von ihrem Auftrag abhalten, setzen sich ans Bett, nehmen vorsichtig durch Berührung mit dem Patienten Kontakt auf und sind in der Lage, sich in Patienten einzufühlen, von denen die behandelnden Ärzte behaupten: ‹Da kommt nichts mehr.›»[48] Von diesem Auftrag, genau dort Nächste zu sein, wo vermeintlich nichts mehr kommt, können wir uns tatsächlich nicht abhalten lassen, und dieser Auftrag ist zutiefst und explizit in unserem christlichen Glauben verwurzelt, dessen Kernaussage auch in einem multireligiösen oder weltan-

---

45   Karle, Perspektiven, 548.
46   Ebd., 555.
47   Ebd., 554.
48   Borasio, Über das Sterben, 64f.

schaulich neutralen Umfeld darin besteht, dass die Liebe Gottes keine Vorbedingung kennt, nicht einmal die des Glaubens.[49] Dies kann gerade im Angesicht des nahen Todes eine zutiefst berührende, entlastende und beglückende Botschaft sein.

Wenn Gian Domenico Borasio schreibt: «Spiritual Care ist weit mehr als konfessionell geprägte (christliche) Seelsorge»[50], so möchte ich bei aller Sympathie und Unterstützung darauf hinweisen, dass Seelsorge noch bedeutend Anderes ist als medizinisch geprägte (westlich-säkulare) Spiritual Care.[51]

---

[49] Vgl. dazu Ottmar Fuchs, Wer's glaubt, wird selig … Wer's nicht glaubt, kommt auch in den Himmel, Würzburg 2012.

[50] Borasio, Über das Sterben, 93.

[51] Vgl. dazu die Frage von Utsch, Wer sorgt für die Seele, 344: «(…) muss dann ‹Spiritual Care› als weitere Folge des unaufhaltsamen Säkularisierungstrends in den westlichen Gesellschaften verstanden werden?»

Spiritual Care: Eine Aufgabe für den Arzt?[1]

Gian Domenico Borasio

Der Soziologe Armin Nassehi aus München, der sich ebenso mit religionswissenschaftlichen Themen beschäftigt hat, rief vor kurzem die deutsche Bischofskonferenz und den Zentralrat der deutschen Katholiken dazu auf, Position zu beziehen, die Kraft, auch die politische Kraft, des Kirchlichen und des Seelsorgerlichen zu bestärken und gleichzeitig den Mut zu haben, Unschärfen auszuhalten. Dieser Mut, Unschärfen auszuhalten, ist ein ganz wichtiger Punkt in der Arbeit interdisziplinärer Palliative Care Teams. Diese Arbeit ist nicht einfach. Balfour Mount, einer der Pioniere der Palliativmedizin und ein sehr spiritueller Mensch, sagte einmal: «So you worked in palliative care teams? Show me your scars». («So, Sie haben in Palliative Care Teams gearbeitet? Zeigen sie mir Ihre Narben.») Die Schwierigkeit besteht darin, dass die Grenzen der Professionen in Palliative Care Teams teilweise verschwimmen. Um mit diesen Unschärfen produktiv umzugehen, müssen sie erst einmal ausgehalten werden. Das ist eine der wichtigsten Aufgaben in der modernen Seelsorge, zumindest aus der Arztperspektive gesehen.

Der Rückzug auf deontologische Positionen ist eine Sackgasse. Dadurch wird zwar ein Gefühl von Sicherheit vermittelt, aber da sie nicht weiterführend sind, gehen sie an den Menschen vorbei. Die Menschen zu erreichen ist aber das Ziel.

Zu den Menschen wollte auch Cicely Saunders, die Begründerin der modernen Hospizbewegung. Sie war Krankenschwester, Sozialarbeiterin und Ärztin. Sie bezeichnete sich selbst als «one-woman multi professional team». Sie hätte sich selbst nicht als Seelsorgerin bezeichnet, war aber eine tiefreligiöse Frau. Ihre Arbeit mit den Patienten war, ohne dass sie es explizit so bezeichnete, im weitesten Sinne Spiritual Care, wie wir es heute nennen. 1967 begründete sie die moderne Palliativmedizin und Hospizbewegung durch die Eröffnung des St. Christopher's Hospice.

---

[1] Dieser Text stellt ein redigiertes Transkript des Vortrags von Prof. Borasio anlässlich der Tagung «Palliative und Spiritual Care. Medizinische und theologische Perspektiven» am 29.04.2013 in Bern dar.

Die Definitionen der Palliativmedizin bzw. der Palliative Care sind bekannt. Sie können, bei einem breiteren Konzept von Medizin als dem ärztlich-pharmakologisch-technischen, als Synonyme gebraucht werden. Tatsächlich kann Palliative Care als Summe aller professionellen und ehrenamtlichen Aktivitäten am Lebensende verstanden werden: Palliativmedizin, Palliativpflege, Hospizarbeit und eben auch Spiritual Care.

1. Die Aufgabe der Palliative Care: Verbesserung der Lebensqualität

Für die Überlegungen, inwiefern Spiritual Care eine Aufgabe für den Arzt ist, muss zuerst nach dem Sinn der Palliative Care überhaupt gefragt werden: Zuvorderst steht die Aufgabe, Lebensqualität zu verbessern. Dabei steht nicht nur die Lebensqualität der Patienten im Vordergrund, sondern ebenso die ihrer Familien. Die Umsetzung geschieht nicht nur durch Linderung von Leiden, sondern auch durch Vorbeugung. Auch in der Palliative Care ist Vorbeugen besser als Behandeln. Deshalb ist der Bereich der Patientenverfügung bedeutsam. Die Tätigkeit der Palliativmedizin besteht nur zu einem Sechstel aus der Behandlung von Schmerzen, des Weiteren stellen wir uns allen Problemen psychischer, psychosozialer und spiritueller Natur. Es kommt einer kleinen Revolution der Medizingeschichte gleich, dass diese drei Bereiche durch die Weltgesundheitsorganisation auf eine Ebene gehoben wurden. Das Angebot von Spiritual Care und das Interesse von Ärzten an Spiritualität beruht nicht auf einer philosophischen, religiösen oder weltanschaulichen Vorstellung, sondern allein auf dem Nachweis, dass Spiritualität etwas mit Lebensqualität am Lebensende zu tun hat. Wenn das nicht der Fall wäre, dann würde sie aus dem Aufgabenbereich der Palliative Care gestrichen. Es ist ein pragmatisches Vorgehen: Alles was dazu beiträgt, den Auftrag der Verbesserung der Lebensqualität am Lebensende zu erfüllen, gehört auch in den Aufgabenbereich der Palliative Care.

2. Eine neue Rolle

Die Ärzte sind noch auf der Suche nach ihrer Rolle in der Spiritual Care, gerade deshalb ist der Dialog mit Seelsorgern wichtig. Dadurch kann gemeinsam nach Wegen gesucht werden, die für die Sorge für den kranken Menschen am besten sind. Denn nicht nur am Lebensende ist Leiden nie rein physisch, sondern immer auch psychosozial und spirituell.

So sind die Stiftungsprofessuren der Erwachsenen- und der Kinderpalliativmedizin an der Universität München entsprechend interdisziplinär besetzt, nicht nur mit Ärzten, sondern auch mit Sozialarbeitern und Theologen. Die Professur für Spiritual Care ist ökumenisch besetzt mit Traugott Roser und Eckhard Frick. Das dürfte ein zukunftsweisendes Modell sein und kann hoffentlich bald für Zürich übernommen werden.

3. Was heisst Lebensqualität?

Für die Klärung der Aufgaben der Palliativmedizin ist eine Konkretisierung der Bedeutung von Lebensqualität unabdingbar, damit greifbar wird, welche Hilfe ein Patient braucht. Palliative Care versucht den Blick zu weiten, vor allem auf die inneren und äusseren Ressourcen. Dadurch wird eine neue Sicht auf die Patienten möglich. Die beste Definition von Lebensqualität formulierte der Psychologe Ciaran O'Boyle: «Quality of life is whatever the patient says it is.» (Lebensqualität ist das, was der Patient darunter versteht.) Wie ist es nun möglich, diese basale Definition zu operationalisieren?

Dazu wurde von O'Boyle eine Methode entwickelt, die Lebensqualität erfassbar macht. Die Besonderheit des Ansatzes von Ciaran O'Boyle ist der Perspektivenwechsel. Zum ersten Mal wird vom Patienten her gedacht. Bei dieser Methode definieren die Patienten die fünf wichtigsten Bereiche ihrer Lebensqualität selbst. Dabei gibt es keine Vorgaben oder Grenzen. Wenn also ein Patient Spiritualität zur Lebensqualität zählt, dann müssen sich auch die Ärzte dafür interessieren. Für die vom Patienten benannten Bereiche wird dann die Zufriedenheit auf einer Skala von 0–100 angeben. Anschliessend werden die fünf Bereiche gewichtet, denn in der Regel ist nicht jeder Bereich von gleicher Bedeutung für die Lebensqualität. Danach werden die relative Gewichtung und die Zufriedenheit multipliziert, die fünf Ergebnisse addiert und dadurch der Lebensqualitätsgesamtwert ermittelt.

Auch für Seelsorger und Psychotherapeuten kann diese Erhebung der Lebensqualität von Patienten bedeutsam sein. Dadurch erhalten sie Informationen darüber, was für den Patienten in seiner konkreten Situation wichtig ist. Es gibt Seelsorger und Psychotherapeuten, die solche Skalen als Gesprächseinstieg nutzen.

Durch die Arbeiten von Christian Neudert (München) wurde gezeigt, dass die individuelle Lebensqualität, die mit dieser Skala erfasst werden kann, nicht mit der sogenannten «gesundheitsbezogenen Lebensqualität» oder dem funktionellem Status korreliert. Studien bei Patienten mit amyotropher Lateralsklerose (ALS, eine unheilbare neurodegenerative Erkrankung mit generalisiertem Muskelschwund und kurzer Lebenserwartung), aber ebenso bei Krebserkrankungen u. a. können mit den Skalen zur gesundheitsbezogenen Lebensqualität nur wiedergeben, wie der aktuelle funktionelle Zustand des Patienten ist, z. B. wie viel Kraft hat er, wie lange er noch laufen kann etc. Diese Skalen dienen also der Erfassung des Gesundheitszustandes, aber nicht der Lebensqualität. Deshalb sinken die Werte der sogenannten «gesundheitsbezogenen Lebensqualität» bei fortschreitender Erkrankung linear ab, d.h., nach diesen Messungen müsste es dem Patienten in Bezug auf seine Lebensqualität immer schlechter gehen. Wird aber die individuelle Lebensqualität nach der oben beschriebenen Methode erhoben, so bleibt diese bei Palliativpatienten über die Zeit im Mittelwert etwa gleich. Dieses Ergebnis grenzt an ein Wunder: Den Patienten geht es physisch immer schlechter, sie haben den Tod vor Augen, aber ihre eigene, individuelle Lebensqualität bleibt konstant. Das ist auch seelsorgerlich ein sehr interessanter Befund.

4. Die nicht-physischen Determinanten der Lebensqualität

Was bedeutet die Tatsache, dass es nicht der physische Gesundheitszustand ist, der die Lebensqualität am Lebensende entscheidend beeinflusst? Es muss ein genauerer Blick auf die nicht-physischen Determinanten geworfen werden. Drei davon haben wir untersucht: Wertvorstellungen, Lebenssinn und Spiritualität.

4.1   Wertvorstellungen

Der Psychotherapeut Martin Fegg hat mithilfe eines validierten Fragebogens persönliche Wertvorstellungen bei Schwerkranken und Sterbenden (etwa 50 Prozent Krebspatienten und 50 Prozent ALS-Patienten) erhoben. Eine Achse dieser Werte ist: Selbstbezogenheit (z. B. Hedonismus, Selbstverwirklichung, Macht, Sicherheit) versus Selbst-Transzendenz (Benevolenz, Altruismus). Man beachte: Schon bei der Erhebung der Wertvorstellungen taucht der Begriff der Transzendenz auf. Erstaunlicherweise waren die selbsttranszendenten Werte bei allen Palliativpatienten, ohne Unterschied zwischen den Krankheiten, höher als die selbstbezogenen Werte. Das hebt die Palliativpatienten deutlich von der Allgemeinbevölkerung ab, in der die Verteilung anders liegt. Diese Selbsttranszendenz, dieses «Über-sich-selbst-Hinausgehen» kann als der erste Schritt hin zu bzw. als eine Form der Spiritualität verstanden werden. Hier liegt mithin eine Erklärung, weshalb die Lebensqualität bei sterbenden Patienten gleich bleibt: Ihre eigene Situation spielt für diese Patienten keine grosse Rolle mehr. Ihre Lebensqualität steigt, wenn sie sich um die Lebensqualität anderer kümmern können. Die Frage stellt sich: Weshalb müssen wir erst kurz vor dem Sterben stehen, um festzustellen, dass Altruismus unsere Lebensqualität verbessert? Der Dalai Lama wiederholt das doch seit Jahrzehnten.

4.2   Lebenssinn

Mehrere Studien belegen, dass der Verlust des Lebenssinns die wichtigste Determinante für Wünsche nach Lebensverkürzung ist. Martin Fegg untersuchte daher auch dieses Konzept. Da Lebenssinn ebenso individuell definiert wird wie Lebensqualität, wird zur Erfassung dieselbe Methode angewandt. Sie heisst «Schedule for Meaning in Life Evaluation», abgekürzt: SMiLE. Im SMiLE können die Patienten zwischen drei und sieben Bereichen benennen, die für ihren Lebenssinn bestimmend sind.[2] Sie werden danach ebenfalls nach der Zufriedenheit und dem relativen Gewicht dieser Bereiche gefragt. Bisher liegen aus dieser Studie nur Daten für Deutschland vor, für die Schweiz ist die Erhebung noch nicht abgeschlossen. Für Deutschland kann für die Allgemeinbevölkerung gesagt werden, dass Frauen und Menschen in ländlichen Gebieten eine höhere Zufriedenheit mit ihrem Lebenssinn aufweisen. Dies trifft interessanterweise ebenso auf Menschen zu, die als einen lebenssinn-relevanten Bereich Religion/Spiritualität oder Tiere/Natur genannt haben. Eine geringe Zufriedenheit mit dem eigenen Lebenssinn ist bei Teilnehmern zu finden, die Finanzen oder den Beruf als lebenssinnstiftend angeben.

Für Palliativpatienten ist der Beruf, wenig überraschend, kaum bedeutsam. Dagegen ist Partnerschaft noch wichtiger als sie ohnehin bei der Allgemeinbevölkerung schon ist. Beachtlich ist ebenso ein weiteres

---

[2]   Vgl. www.lebenssinn.net.

Ergebnis: Die Bereiche Spiritualität und Tiere/Natur, wobei letzterer ebenfalls häufig mit Spiritualität konnotiert ist, sind deutlich wichtiger bei Palliativpatienten. Sinnfindung ist demnach selbst bei schwerster Krankheit am Ende des Lebens möglich, da sich die Lebenssinnprioritäten ebenso wie die Wertvorstellungen verschieben. Und der Einbezug der Spiritualität in das eigene Lebenssinn-Konzept scheint die Zufriedenheit mit diesem, und damit die Lebensqualität, zu steigern.

4.3   Spiritualität und Lebensqualität

Maria Wasner, Professorin für Soziale Arbeit in der Palliative Care, war Ko-Leiterin einer Studie zur Spiritualität von ALS-Patienten, die in Tel Aviv, New York und München stattfand. Die Ergebnisse führten grosse Unterschiede zutage. In Tel Aviv hatte Spiritualität für die Menschen deutlich weniger Bedeutung als in den anderen beiden Städten. Gleichzeitig gaben die Menschen in Tel Aviv häufiger Depression und Wut an, wogegen die Menschen in New York weniger Leiden, dafür aber grösseren Lebenswillen zeigten. Diese Ergebnisse zeigen, dass Spiritualität transkulturelle Eigenschaften besitzt, die selbst innerhalb einer kulturell relativ homogenen Gruppe (monotheistische Religionen, westliche Lebensart) relevant sind.

Philip Simmons, ein ALS-Patient, beschreibt in seinem Buch *Learning to fall*, welches unglaubliche persönliche und spirituelle Wachstum trotz oder vielleicht gerade wegen einer solchen Krankheit möglich ist. Im Buch erzählt er die bekannte ZEN-Parabel eines Menschen, der von einem Tiger verfolgt wird. Plötzlich steht der Mensch vor einem Abgrund. Er versucht hinabzuklettern, doch er stolpert dabei. Im letzten Moment kann er sich an einer Wurzel festhalten. Als er hinunterschaut, sieht er, dass da noch ein Tiger in der Schlucht wartet. In dem Augenblick beginnt die Wurzel nachzugeben und aus dem Fels zu reissen. In diesen wenigen Sekunden sieht der Mensch links von sich eine wunderbare Erdbeere, pflückt sie und isst sie – und sie war unglaublich süss. Die Interpretation vom schwerstkranken Philip Simmons zu dieser Parabel ist erstaunlich: «If spiritual growth is what you seek, don't ask for more strawberries, ask for more tigers.» (Wenn du spirituelles Wachstum suchst, frage nicht nach mehr Erdbeeren, frage nach mehr Tigern.) Dieses Beispiel zeigt, welche Kraft aus einer solchen Krankheit tatsächlich erwachsen kann. Durch die Beschäftigung mit der spirituellen Seite des

Lebens ist es also möglich, die eigene Lebensqualität trotz schwerster Krankheit deutlich zu verbessern. Deswegen – und nur deswegen – interessiert die Spiritualität die Palliativmediziner ganz erheblich.

Ein anderes Beispiel: Einer meiner ALS-Patienten sagte, dass seine Lebensqualität mit ALS besser sei als zu Zeiten vor der Krankheit. Er war 48 und vor der Krankheit ein sehr erfolgreicher Manager gewesen. Diese Aussage erntete zuerst nur Unverständnis, aber bei genauerer Betrachtung zeigte sich, dass der Patient psychisch gesünder war als viele Menschen um ihn herum. Wie kam es dazu? Kurz nach der Diagnose hatte er eine Depression mit Suizidgedanken durchlitten. Ein Freund gab ihm den Ratschlag, einmal Meditation auszuprobieren. Meditation war für ihn trotz seiner Lähmungen möglich und hat sein ganzes Leben verändert. Der Patient formulierte, dass er nicht im eigentlichen Sinn des Wortes «glücklich» sei, denn seine Lähmung und seine kurze Lebenserwartung waren ihm sehr bewusst. Aber er brachte etwas Entscheidendes auf den Punkt: «Das ist gerade das, worum es geht. Bewusstheit. Wenigstens bin ich mir dessen bewusst, was ich erlebe, und kann auch kleine Dinge viel intensiver geniessen.» Das ist vielleicht der entscheidende Unterschied zwischen Gesundwerden und Heilung. Im englischen Wort «Healing» kommt ebenfalls dieses «Ganz-werden» zur Sprache. Deshalb sagt Balfour Mount: «Healing happens in the present moment.» («Heilung geschieht im jetzigen Augenblick.»). Das Bewusstsein für den Augenblick, für das Leben im Jetzt, das ist der Weg zur Heilung.

Ein anderer Patient, der kurz vor dem Sterben war, fragte mich am Ende eines Gesprächs, in völlig klarem geistigen Zustand: «Und wann werde ich wieder gesund werden, Herr Doktor?» Zuerst war ich geschockt und brauchte Zeit, bis ich antworten konnte: «Physische Gesundheit kann Ihnen die moderne Medizin nicht bieten. Das ist nicht in unserer Macht. Aber wenn Sie verstanden haben werden, dass Ihnen diese Krankheit Ihren Wert als Mensch, Ihre Fähigkeit, mit anderen zu kommunizieren und emotional zu interagieren, überhaupt nicht nimmt, dann werden Sie einen grossen Schritt in Richtung Heilung gemacht haben.» Da lächelte der Patient und sagte: «Dann bin ich schon geheilt, Herr Doktor.» Er starb zwei Wochen später friedlich bei seiner Familie.

Wie also geht man der Frage nach der Spiritualität auf den Grund? Wir führten eine randomisierte Studie mit einem Kurz-Interview zur spirituellen Anamnese durch, das SPIR.[3] Das SPIR wurde zufallsgesteuert entweder vom Arzt oder vom Seelsorger angewandt. Der Patient hatte keinen Einfluss darauf, ob ihm der Arzt oder der Seelsorger die SPIR-Fragen stellte. Hinterher wurde erhoben, ob der Patient das Interview als belastend oder hilfreich empfand und welche Bedeutung Spiritualität allgemein für ihn hatte. Ebenso wurde er nach dem Interesse an einer Fortsetzung dieses Gesprächs gefragt. Auf die Frage, ob sich die Patienten im weitesten Sinne des Wortes als gläubige Menschen bezeichnen, antworteten unabhängig von der Profession des Fragestellers 87 Prozent mit ja. Zum Vergleich: Bei einer Umfrage in der Allgemeinbevölkerung in Deutschland antworten auf die Frage: «Sind Sie religiös?» nur ca. 15 Prozent mit ja, im Osten noch weniger.

5. Screening nach spirituellen Bedürfnissen – eine Aufgabe für den Arzt?

Sehr interessant ist, dass die meisten Patienten das SPIR-Interview als sehr hilfreich bezeichneten, unabhängig davon, ob sie vom Seelsorger oder vom Arzt befragt wurden. Die Belastung war nahe 0 bei den Ärzten, bei den Seelsorgern nicht-signifikant gering höher. Signifikant wurden die Unterschiede zwischen den Professionen bei der Frage: «Möchten Sie dieses Gespräch mit mir weiterführen?» Die Hälfte der durch Seelsorger Befragten entschieden positiv, von den durch Ärzte Befragten waren es sogar 70 Prozent. Zur Begründung gab ein Patient an: «Ich ziehe es vor, dass Sie als Arzt mir diese Fragen stellen, denn Sie sind objektiver.» Erklärbar wird dieses Ergebnis mit der Übertragung der eigenen Vorstellung von Seelsorge auf die Seelsorger. Ein Beispiel dafür: Wenn wir einen Patienten fragen, ob er mit dem Seelsorger sprechen möchte, dann ist häufig die sofortige Reaktion: «Ach wissen Sie, ich bin nicht sehr religiös.» Unsere Standardantwort lautet: «Unsere Seelsorger auch nicht.»

Ebenso zeigte sich in der Studie der Einfluss der persönlichen Einstellung der Interviewer zur Spiritualität. Es bestand eine deutliche Korrelation zwischen der Drop-out-Rate der Patienten und der Unsicherheit der Interviewer bezüglich ihrer Einstellung zur Spiritualität, zu ihrer Rolle als Forscher und zur Studie selbst.

---

[3] Vgl. Eckhard Frick et al., A clinical Interview Assessing Cancer Patients' Spiritual Needs and Preferences. Eur J Cancer Care 15, 2006, 238–243.

Die Schlussfolgerung aus diesen Daten ist eindeutig: Spiritualität ist für die Lebensqualität von Palliativpatienten wichtig. Deshalb interessiert sie auch uns Palliativmediziner. Das Screening nach spirituellen Bedürfnissen – nicht deren Befriedigung – ist somit auch eine ärztliche Aufgabe, da die Patienten dieses Thema gerne mit Ärzten besprechen, weil sie sich dadurch als ganze Menschen wahrgenommen fühlen.

6. Umgang mit der eigenen Spiritualität

Da, wie oben erwähnt, auch die Einstellung der Ärzte zu Spiritualität durch die Übertragung Auswirkung auf die Patienten hat, wurde eine prospektive Studie mit einem Spiritual Care-Training an die Untersuchungen angeschlossen. Teilnehmende waren Palliative Care-Mitarbeitende, hauptsächlich Pflegende, Ärzte und Hospizmitarbeiter, insgesamt ausschliesslich Menschen, die sich hauptamtlich mit Patienten am Lebensende beschäftigen. Das Training dauerte dreieinhalb Tage, wovon die meiste Zeit auf die Entwicklung einer guten spirituellen Selbstsorge fokussiert wurde. Vor und während des Trainings sowie sechs Monate später wurden Evaluations-Fragebögen ausgefüllt.

Die Philosophie des Trainings basierte auf dem tibetischen Buddhismus, das Training selbst war aber a-konfessionell gestaltet. Die meisten Teilnehmenden waren Christen beider Konfessionen. Nach dem Kurs zeigten die Teilnehmenden sowohl ein verbessertes spirituelles Wohlbefinden als auch ein verbessertes Mitgefühl für die Patienten und für sich selbst, eine bessere Einstellung zur eigenen Familie und zu Kollegen, eine verbesserte Zufriedenheit mit der Arbeit und eine Verringerung des Arbeitsstresses. Die positiven Wirkungen des Trainings waren auch nach sechs Monaten noch nachweisbar. Diese Ergebnisse zeigen, dass Spiritual Care mit der spirituellen Selbstsorge beginnt.

7. Caritas - Fürsorge und Selbstsorge

Spiritual Care: durch Ärzte oder doch durch Seelsorger? Manchmal sind die Rollengrenzen gar nicht so scharf definiert, wie die folgende kleine Geschichte zeigt:

Frau W., eine 87-jährige Patientin mit Brustkrebs im Endstadium, die ich wegen «Unruhe» sehen sollte, entpuppte sich bei der Untersuchung als eine charmante, zierliche alte Dame ohne akute physische Beschwerden und mit exzellenter Symptomkontrolle. Als ich sie über ihre Ängste befragte, erzählte sie, dass sie eine furchtbare Angst vor dem Sterben und vor dem habe, was möglicherweise danach kommen könnte. Innerhalb einer Stunde erzählte sie mir daraufhin ihr gesamtes Leben, und ich hörte ihr zu, ohne ihren Monolog zu unterbrechen. Danach war sie etwas ruhiger, und wir verabschiedeten uns. Ich hatte bei dem Besuch natürlich alle Insignien getragen, die auf meinen Beruf hinwiesen, den weissen Kittel mit dem Namenszug, das Stethoskop etc. Als aber am Nachmittag der für die Station zuständige Seelsorger seine Runde drehte, begrüsste sie ihn mit den Worten: «Sie brauchen heit net kemma, der Herr Pfarrer war scho do.»

Das ist eine Anekdote, die zum Schmunzeln anregt. Auf den zweiten Blick stellt sich aber die Frage, was dies über unser Gesundheitssystem aussagt, wenn ein Arzt, der nichts anderes tut als zuzuhören, von einer geistig völlig klaren Patientin unbewusst in einen anderen Beruf transferiert werden muss, weil dieses Verhalten offenbar mit ihrem Konzept eines Arztes, zumal in einer Universitätsklinik, nicht in Einklang zu bringen ist.[4]

Wir brauchen, wenn wir die Medizin der Zukunft verbessern wollen, und das müssen wir von den Seelsorgern lernen, nicht nur eine sprechende Medizin – Ärzte sprechen in der Regel eher zu viel. Wir brauchen vor allem eine hörende Medizin. Das ist meine feste Überzeugung: *Die Medizin der Zukunft wird eine hörende sein, oder sie wird nicht mehr sein.* Wir müssen auf die Patienten und auf ihre Bedürfnisse hören, bevor wir überhaupt anfangen, irgendetwas zu tun.

Um auf diesem Weg weiter zu kommen, brauchen wir unbedingt einen rigorosen wissenschaftlichen Ansatz. Er ist gleichermassen in der Symptom-Kontrolle als auch in der Seelsorge nötig. Wir müssen wissen, was dem Patienten gut tut und was nicht. Deshalb ist auch die Zukunft der Forschung in der Spiritual Care eindeutig in Richtung einer empirischen Theologie zu sehen, damit eruiert werden kann, was den Menschen gut tut. Es kann nicht darum gehen, Disziplin- oder Professionsinteressen zu verteidigen, sondern es muss nach den Nöten, Sorgen und Bedürfnissen der Menschen gefragt werden. Deshalb ist es elementar zu überlegen, wie wir feststellen können, was dem Patienten wirklich hilft.

—

4   Gian Domenico Borasio, Über das Sterben, München [11]2013.

Dafür müssen auch wir Ärzte uns gelegentlich selber in Frage stellen, zum Äussersten schreiten und den Patienten fragen.

Palliative Care: In dem Begriff Care steckt auch die Wurzel der Caritas. Palliative Care könnte man umschreiben als die liebevolle Fürsorge, die wir unseren Patienten und ihren Familien schulden. Aber nicht nur ihnen. Wenn wir den schweren und anspruchsvollen Job, den wir alle machen, als Ärzte, Pflegekräfte oder Seelsorger, gut und lange machen wollen, das zeigen auch die Ergebnisse des Spiritual Care-Trainings, dann brauchen wir diese Haltung der liebevollen Fürsorge ebenso gegenüber unseren eigenen Familien und gegenüber uns selbst.

Chancen der interdisziplinären Zusammenarbeit aus medizinischer und seelsorglicher Sicht

Pascal Mösli, Steffen Eychmüller

1. Einführung

Will man die Möglichkeiten der Zusammenarbeit von Medizin und Seelsorge im Kontext von Palliative Care betrachten, lohnt es sich, ihren jeweiligen Ort im System eines professionell ausdifferenzierten, hochspezialisierten Spitals anzugeben. Während sich das Spital grundsätzlich an der Leitunterscheidung «krank – gesund» orientiert, haben Seelsorge wie auch Palliativmedizin eine andere Leitcodierung. Beide zielen auf ein Verständnis von Heilsein, dass sich auch bei kranken und sterbenden Menschen finden lässt. Damit werden gegenüber dem sogenannt kurativ ausgerichteten Spital andere Diskurse wirksam, die sich in den Zielsetzungen und in der Haltung der beiden Professionen niederschlagen. Es geht in der Palliativmedizin wie auch in der Seelsorge weniger um Therapie, sondern mehr um Begleitung in einem ganzheitlichen Sinne, wobei Seelsorge insbesondere auf die ethischen, existenziellen und spirituellen Dimensionen der Begleitung fokussiert.

Damit ist keineswegs gemeint, dass die im medizinischen Sinne therapeutische Dimension bei der Palliativmedizin wie auch in der Seelsorge nicht wichtig ist.

So wird in den neueren Diskussionen der Spiritual Care die therapeutische Dimension der spirituellen Begleitung ausdrücklich hervorgehoben. Doch die therapeutischen Wirkungen von seelsorglichen Interventionen sind nicht das bestimmende Merkmal der Seelsorge. Diese lässt sich nicht an ihrer therapeutischen Wirkung (alleine) messen. Eine seelsorgliche Begleitung hält kommunikative Räume offen, die auch Erfahrungen der Nichtveränderbarkeit, der Sinnlosigkeit, des Aushaltens von Schmerzen beinhalten. Nicht jeder kranke Mensch wird gesund und Seelsorge sucht die heile Dimension des Menschseins auch in der Krankheit. «Seelsorge ist insofern nicht primär als Veränderungsarbeit, auch nicht im Dienst der Gesundheit, zu verstehen.»[1] Daraus folgt, dass der seelsorgliche Ansatz eine nur auf physische Gesundheit fokussierte Medizin kritisch hinterfragt, welche weitere Dimensionen von menschlichem Heilsein tendenziell marginalisiert.

In der Palliativmedizin wird diese Marginalisierung deutlich in der gängigen, kaum hinterfragten, aber sehr wirkmächtigen Leitunterscheidung «kurativ» versus «palliativ». In einem Editorial in der medizinischen Fachzeitschrift JAMA (Journal of the American Medical Association) wies Ellen Fox[2] bereits 1997 auf die Problematik der unscharfen Definition der Begriffspaare kurativ und palliativ hin. Die Autorin zeigte insbesondere die Auswirkungen dieser Begrifflichkeiten auf: Während «kurativ» mit wissenschaftlich und medizinisch erfolgreich bzw. effektiv gleichgesetzt wird, umfasst «palliativ» sogenannte *soft skills*, d.h. Vorgehensweisen, bei denen Leiden gelindert wird, und welche gleichbedeutend sind mit weniger wissenschaftlich bewiesen und deswegen weniger wichtig. Das Besondere an dieser Entwicklung sei, so Fox, dass die Dominanz des kurativen Modells in der medizinischen Welt zu einem systematischen Fehler in der medizinischer Ausbildung geführt habe, wodurch die Dichotomie von «kurativ gleich gut» und «palliativ gleich schlecht», da nicht mehr mit medizinischen Massnahmen verbesserbar, zementiert wird. Es ist interessant, dass sich in der heutigen Zeit mit dem hohen Anspruch an wissenschaftlicher Evidenz dieses Begriffspaar halten kann. Auch heute noch wird in vielen Fachdiskussionen, beispielsweise bei Tumorboards oder auch bei sonstigen klinischen Entscheidungen, mit dem Vokabular kurativ und palliativ ein teilweise enorm bedeutsamer Entscheid zum weiteren Vorgehen fällt. Dabei kann wahrscheinlich niemand genau definieren, wann ein Patient noch kurativ und wann nur noch palliativ behandelt werden soll. Einen diagnostischen Test, der auf vergleichbar schlecht definierte Art sogenannte *cut-offs* aufweist, würde die heutige Medizin als absolut unwissenschaftlich disqualifizieren und aus dem Anwendungsfeld der Medizin entfernen.

Die Abweichung von der medizinischen Leitcodierung führt zu einer tendenziellen Randständigkeit der beiden Disziplinen im System Spital.

---

[1]   Isolde Karle, Perspektiven der Krankenhausseelsorge, Wege zum Menschen 62, 2010, 537–555, 547.
[2]   Ellen Fox, Predominacne of the Curative Model of Medical Care. A Residual Problem, JAMA 278, 1997/9, 761–763.

Diese wirkt sich aus auf die Bilder und Vorstellungen, auf das Image, die andere über die beiden Professionen haben und dieses Image wiederum verfestigt ihren Ort am Rand des Systems. Interessanterweise ähneln sich die Bilder über Palliativmedizin und Seelsorge zu einem Teil: Gegenüber einer professionell hochstehenden, technisch innovativen, zupackenden Medizin gelten Palliativmedizin und Seelsorge als «softe» Disziplinen, deren Wirkung im Ungefähren liegen, die sich wissenschaftlich nicht genau nachweisen lassen, und denen teilweise wenig Professionalität unterstellt wird. Es scheinen Dinge getan zu werden, die es nicht unbedingt braucht.

Die Randständigkeit der beiden Disziplinen hat zu tun mit der Randständigkeit der Themen, um die sich Seelsorge und Palliativmedizin kümmern. Es geht wesentlich um die passiven Seiten der menschlichen Existenz, um die Erfahrungen von Machtlosigkeit, Einsamkeit und Geschehen-Lassen-Müssen, aber auch um die dunklen Erfahrungen wie Sinnlosigkeit und Schmerz, existenzielle Erfahrungen notabene, die sich letztlich nicht in den Griff bekommen und auch nicht sedieren lassen. Es geht um den Umgang mit Sterben und Tod, der sich nicht instrumentalisieren lässt. Und es geht darin auch um den Umgang mit emotionalen Reaktionen, die sich nicht immer kontrollieren lassen. In einem üblicherweise auf Autonomie abzielenden System geht es um andere Seiten der menschlichen Existenz, um die Abhängigkeit und die Ohnmacht.

Wie gehen nun die beiden Disziplinen, Palliativmedizin und Seelsorge mit der beschriebenen Verortung im Spital um? Richten sie sich dort ein? Passen sie sich an? Oder gelingt es ihnen, ein eigenes Paradigma im Spital stark zu machen? Gelingt es der Palliativmedizin und der Seelsorge, zusammen mit anderen Kräften im Spital, eine Zusammenarbeit zu entwickeln, welche die gemeinsamen Anliegen stärkt? Doch worin genau bestehen die gemeinsamen Anliegen?

2. Medizinische und theologisch-spirituelle Perspektiven

Im Folgenden führen wir einige Anliegen auf, welche im Kontext der Palliative Care für die Palliativmedizin wie auch die Seelsorge bei der Begleitung von Patientinnen, Patienten und ihren Angehörigen wesentlich sind und welche die Grundlage für ihre Zusammenarbeit bilden. Es sind Anliegen, die in der allgemeinen medizinischen Wahrnehmung in vielen hochspezialisierten Kliniken eher marginalisiert werden, die aus unserer Sicht jedoch zentral sind für eine umfassende Begleitung, die nicht nur auf «Reparatur» kranker Körper, sondern auf die Unterstützung kranker Menschen abzielt.

2.1   Bewusstsein der Endlichkeit

Etwas zugespitzt könnte man formulieren, dass die Palliativmedizin in der medizinischen Welt dafür sorgt, dass das Bewusstsein der Endlichkeit wieder in die Medizin eingeführt und beim Patienten angesprochen wird. Die Palliativstation lässt sich als eine Art biopsychosozialspirituelle Intensivstation beschreiben. Weil die PatientInnen dort teilweise nicht mehr lange leben und oft rasch gehandelt werden muss, sind die dort Tätigen Katalysatoren oder *change agents* für Problemlösungen am Lebensende. Dabei helfen sie auch mit, dass am Lebensende die Erwartungen an die Medizin nicht alles dominieren, sondern dass wichtige andere Fragen Platz und Raum bekommen. In Anlehnung an Odo Marquard geht es um das Abwägen zwischen Machsal und Schicksal, wobei letzteres in einem Umfeld der sogenannten Spitzenmedizin und Spitzentechnologie kaum mehr einen Platz zu haben scheint.

Dass sich die Seelsorge um die Grenzen der Endlichkeit kümmert, ist eine Zuschreibung im Spital, die ihr einen Ort im gesamten klinischen Begleitungsangebot zuweist und sie zugleich einschränkt. Sie wird damit sozusagen an die Ränder des Lebens gedrängt, als ob die seelische Dimension des Menschseins, sofern diese Dimension denn überhaupt anerkannt wird, in erster Linie eine Sache des Hinübergehens in eine andere Dimension, des Sterbens sei. In der Praxis tut Seelsorge gut daran, diese «Überweisung» anderer Disziplinen zunächst aufzugreifen, sich also um sterbende Patienten und ihre Angehörigen zu kümmern. Andererseits ist sie daran interessiert, das Bewusstsein der Endlichkeit wie auch das Bewusstsein für ein Eingebettetsein des menschlichen Körpers, seiner Individualität in ein grösseres Ganzes in die Mitte des Lebens und des Spitals hineinzutragen.

2.2   Suche danach, was heilt

Bernhard Lown, ein erfahrener Kardiologe, der u. a. die Einteilung von Herzrhythmusstörungen intensiv weiterentwickelte, schrieb gegen Ende seiner klinischen Tätigkeit ein interessantes Buch mit dem Titel *Die verlorene Kunst des Heilens*[3]. Wie andere weist er darauf hin, dass im biomechanischen Modell der heutigen Medizin die Ingredienz des Heilens reduziert wird auf die Interaktion eines Medikamentes mit der Körpermasse, weitere heilende Faktoren wie beispielsweise diejenigen einer intensiven menschlichen Begegnung als unwissenschaftlich und damit auch weniger wichtig abgetan werden. Das SENS-Modell der Palliativmedizin im Inselspital[4] versucht, das Heilsame auf verschiedenen Ebenen trotz sehr belastender Lebensumstände systematisch zu suchen und gezielt in den Behandlungsplan zu integrieren. Es orientiert sich an den Grundprinzipien der Salutogenese sowie an der Gesundheitsdefinition der WHO, die neben der biologisch-physiologischen Dimension auch die psychologische, die soziale und die spirituelle Dimension miteinbezieht.

Die letztgenannte, spirituelle Dimension[5] ist aus Sicht der Seelsorge eine Dimension, die für alle Professionen wichtig ist, wobei der Seelsorge in der Beratung und Begleitung eine zentrale Rolle zukommt. Aus Sicht der Seelsorge ergeben sich drei zentrale Aufgaben:

Es geht erstens darum, Spiritualität als Ressource zu verstehen und so zu unterstützen, dass sie zur Gesundheit eines Menschen beitragen kann. Viele Studien der letzten Jahre weisen einen Zusammenhang zwischen religiöser bzw. spiritueller und körperlicher Gesundheit nach.[6] Es geht

---

[3]   Bernard Lown, Die verlorene Kunst des Heilens, Stuttgart 2002.

[4]   Das SENS-Modell wird unter 3.1 vorgestellt.

[5]   Die 2010 vom Bundesamt für Gesundheit und der Schweizerischen Konferenz der kantonalen Gesundheitsdirektorinnen und -direktoren publizierten Nationalen Richtlinien Palliative Care schliessen ausdrücklich die «spirituelle Unterstützung» mit ein und führen aus: «Die spirituelle Begleitung leistet einen Beitrag zur Förderung der subjektiven Lebensqualität und zur Wahrung der Personenwürde angesichts von Krankheit, Leiden und Tod. Dazu begleitet sie die Menschen in ihren existenziellen, spirituellen und religiösen Bedürfnissen auf der Suche nach Lebenssinn, Lebensdeutung und Lebensvergewisserung sowie bei der Krisenbewältigung. Sie tut dies in einer Art, die auf die Biografie und das persönliche Werte- und Glaubenssystem Bezug nimmt. Dies setzt voraus, dass die existenziellen, spirituellen und religiösen Bedürfnisse der Beteiligten erfasst werden.» Bundesamt für Gesundheit (BAG)/Schweizerische Konferenz der kantonalen Gesundheitsdirektorinnen und -direktoren (GDK), Nationale Leitlinien Palliative Care, Bern 2010, 14 (www.bag.admin.ch/themen/medizin/06082/13915/index.html?lang=de, Zugriff am 26.04.2013).

[6]   Einen aktuellen Überblick über den Forschungsstand in den USA, wo besonders viele Studien durchgeführt wurden, vermittelt Kathy R. B. Jankowski et al. (Hg.), Testing

zweitens darum, Spiritualität als Ressource zu verstehen und zu unterstützen, die in einem umfassenden Sinn zur Heilung eines Menschen beitragen kann, auch wenn dieser physisch krank oder sterbend ist. Genährt aus dem Wissen, dass Gesundheit und Krankheit keine unvereinbare Gegensätze sind, «dass es eine Gesundheit gibt, die Krankheit miteinschliesst»[7], kann Heilung in einem umfassenden Sinn auch im gebrochenen Leben aufleuchten. Im Wissen darum, dass Spiritualität nicht machbar ist und auch offen bleiben muss, wie die Spiritualität eines Menschen Ausdruck findet, geht es drittens darum, Spiritualität als unverfügbare Dimension kritisch zu bedenken: die Vorstellung eines friedlichen, versöhnten, integrierten Sterbens sollte nicht zum Massstab eines guten oder richtigen Sterbens erhoben werden. Es muss Platz sein für menschliche Not und abgrundtiefe Verzweiflung, für alles, was vielleicht nicht geheilt werden kann, für die Widersprüche des Lebens, die nicht lösbar sind, für die laute Klage, die Wut und die Tränen und für all das, was unvollendet bleibt.

2.3   Schutz vor Übergriff

Palliativmedizin unterstützt PatientInnen in der Hilfe zur Selbsthilfe, in der Selbstbestimmung, im Aufbau eines Sicherheit vermittelnden Betreuungsnetzes und bei der Sorge um die eigene Familie und Freunde, die durch die Konfrontation mit der Endlichkeit oft schwer belastet sind. Dabei geht es umFragen wie: Was kann der Patient selber tun, um belastende Symptome besser aushalten bzw. vermindern zu können? Womit möchte er seine wahrscheinlich limitierte Lebenszeit verbringen? Die persönlichen Präferenzen und Prioritäten des Kranken sind häufig in der Gefahr, dem medizinischen Behandlungsplan untergeordnet zu werden – anstatt umgekehrt. Vielleicht kommt man dem Ziel des Kranken nicht näher, indem ein Medikament den Tumormarker im Blut verändert. Sein Ziel ist vielleicht, dass er eine spannungsreiche Beziehung zu einem seiner Kinder auf bessere Wege bringen oder möglichst viel Zeit in seiner

---

the Efficacy of Chaplaincy Care, Journal of Thealth Care Chaplaincy 17, 2011/3–4, 100–125.

[7]   Birgit Heller/Andreas Heller (Hg.), Spiritualität und Spiritual Care, Junge.Kirche 4, 2011, 16–19, 19.

geliebten Wohnumgebung mit Blick auf Garten und Berge zusammen mit seiner Familie verbringen kann.

In dieselbe Richtung zielt ein bewusst mehrdimensionales Verständnis von Spiritualität, welches von den ganz unterschiedlichen Verständnissen der einzelnen Patienten ausgeht. Traugott Roser fasste diesen individualistischen Aspekt von Spiritualität zusammen: «Spiritualität ist genau – und ausschliesslich – das, was der Patient dafür hält»[8]. Spiritualität ist damit eine Dimension des Menschseins, die im Spital Individualität verbürgt. Das einzelne Subjekt sollte darin unterstützt werden, selber bestimmen zu können, was Spiritualität im Kontext der Betreuungsbeziehung für ihn sein kann und soll. Damit erhält Spiritualität die Funktion, Entwicklungsprozesse und Sinnfragen vor Übergriffen jedwelcher Art zu schützen – auch gegenüber therapeutischen Massnahmen: «Der Ausgangspunkt bei einem offenen Spiritualitätsbegriff und einer prinzipiellen anthropologischen Kategorie scheint eine Schutzfunktion für den Einzelnen, sei sie Patientin oder Betreuende, zu haben, die ihn vor den Übergriffen sowohl des Gesundheitswesens als auch von Religionsgemeinschaften bewahrt.»[9]

2.4   Einbezug der Angehörigen

Palliativmedizin kümmert sich ihrem Selbstverständnis gemäss ausdrücklich auch um die Angehörigen. Dies einerseits im Sinne der Entlastung für den Patienten. Es ist für ihn oft hilfreich, wenn ausgesprochen wird, um wen er sich am meisten Sorgen macht: Wen belaste ich durch meine Krankheit am meisten? Wie kann diese Person entlastet werden? Wie und wo kann sie Kraft schöpfen? Andererseits sind die Angehörigen selbst im Fokus: wie geht es ihnen, welche Unterstützung brauchen sie, um mit der Situation zurecht zu kommen? Oft verlaufen die Prozesse beim Patienten und den Angehörigen nicht synchron und es ist für viele Angehörige entlastend, wenn sie in ihrem eigenen Erleben wahr- und ernst genommen werden. Palliative Begleitung ist darum immer systemisch orientierte Begleitung.

---

[8]   Traugott Roser, Innovation Spiritual Care. Eine praktisch-theologische Perspektive, in: Eckhard Frick/ders.(Hg.), Spiritualität und Medizin. Gemeinsame Sorge für den kranken Menschen, Stuttgart ²2011 (¹2009), 45–55, 47.

[9]   Roser, Innovation, 49.

Die Begleitung der Angehörigen ist ebenso explizite Aufgabe der Seelsorge. Die Seelsorge hat vom Spital her den Auftrag, ihr Begleitungsangebot auch Angehörigen zur Verfügung zu stellen. Aus Sicht des Spitals
entlastet dieses Angebot das medizinische Betreuungsteam und es leistet
einen Beitrag zur Zufriedenheit der KundInnen des Spitals. Der systemische (also über das einzelne Individuum hinausgehende) Blick ist darüber
hinaus zentral für das Verständnis der spirituellen Begleitung überhaupt.
Spirituelle Kraft entsteht in der Begegnung – diese erwächst aus wechsel-
seitigem Vertrauen, aus einer Nähe, in der Verstehen und Gleichklang,
ein achtsames Sein-Lassen, Halt gebende Erfahrungen und Sinnzusam-
menhänge entstehen können.

2.5   Sprache, die trägt

Menschen erleben sich im Krankenhaus in extremer Weise reduziert auf
das eine soziale Selbst (den Patienten bzw. die Patientin), das durch die
Institution des Spitals bestimmt wird. Dabei kann das Gefühl für die
eigene Individualität und Würde verloren gehen. Gerade bettlägrige Patienten sind von weiten Bereichen sozialen Handelns und sozialen Aus-
tauschs ausgeschlossen. Damit sind sie vor allem auf eine psychische
Bewältigung ihrer Probleme angewiesen. Umso wichtiger wird für sie der
Umgang mit dem hauptsächlich verbleibenden Interaktionsmittel, der
Sprache. «Gerade im Krankenhaus scheinen Menschen in besonderer
Weise darunter zu leiden, dass in einer für sie bedrohlichen und existenziellen Situation nicht wirklich mit ihnen gesprochen wird, dass ihnen
nicht aktiv und aufmerksam zugehört wird [...] dass Gespräche in der
Regel nicht auf ihre Wünsche und Bedürfnisse zentriert sind, sondern
der Eigenlogik der Organisation Krankenhaus folgen.»[10] Der Fokus auf
eine Sprache, welche die verschiedenen Dimensionen von Leid und Ressourcen des Patienten anspricht, ist für Palliativmedizin wie für die Seelsorge gleichermassen zentral: «By being present, by listening empathi-
cally, by responding in ways that foster increased selfawareness, health
care professionals are extending a sense of compassion, a taste of the sa-
cred.»[11]

---

[10]   Karle, Perspektiven, 542.
[11]   Elizabeth Johnston Taylor, What do I say? Talking with Patients about Spirituality,
         West Conshohocken 2007, 55.

Ausgehend von diesem gemeinsamen professionellen Grundverständnis, möchten wir in den nächsten Abschnitten die spezifischen Anliegen und Methoden der Palliativmedizin und der Seelsorge darstellen.

3. Leitende Modelle der Palliative Care am Inselspital

3.1   SENS – eine Strukturhilfe in der Palliative Care

SENS ist mehr eine Strukturhilfe als ein Konzept für die klinische Arbeit in Palliative Care. «We cannot take away the whole hard thing that is happening, but we can help to bring the burden into manageable proportions.»[12] – Wir können nicht alle schweren Dinge wegnehmen, die geschehen, aber wir können dazu beitragen, die Belastungen in machbare (An)teile umzuwandeln». Die zentrale Leitfrage lautet also: «What causes most your suffering»?[13] SENS triggert damit eine Vorgehensweise, die den Fokus weg von der üblichen Diagnosesteuerung hin zu einer personenbezogenen Problem- und Ressourcenorientierung vollzieht.

Darum geht es bei SENS: um diese machbaren Teile. Es wurden deshalb konkrete Themenbereiche definiert, die bearbeitet werden können und sollen: bei der Erfassung von Leiden, aber auch von Ressourcen; bei der Massnahmenplanung unter Einschluss der Angehörigen; und nicht zuletzt auch bei der Evaluation, in welchem Bereich eine Beeinflussung des Leidens möglich ist oder war – oder eben auch nicht. Letztlich geht es bei SENS darum, die aktuellen Belastungen für die Betroffenen – und das sind Patient UND Angehörige sowie Freunde – erträglich, aushaltbar zu machen. SENS ist deshalb neben dem durchaus vorhandenen Nutzen für die Fachpersonen eigentlich gedacht als Instrument für die Selbsthilfe.

SENS ist ein Akronym, und steht für verschiedene Lebensbereiche, die besonders am Lebensende Aufmerksamkeit, Vorausplanung und auch Behandlung oder Therapie brauchen. Dabei ist es kein Zufall, dass das Akronym SENS auf Lateinisch «Sinn» heisst. Es geht aus Sicht der Be-

---

[12]   Cicely Saunders, The Treatment of Intractable Pain in Terminal Cancer, Proceedings of the Royal Society of Medicine 56, 1963, 195–197.

[13]   Robert Twycross, Introducing Palliative Care, Radcliffe ⁴2006 (¹2003).

troffenen wesentlich darum, 1. die Selbsthilfe zu verbessern, 2. die Selbstbestimmung trotz teilweise grosser Schwäche zu fördern so gut es eben
geht, 3. die Sicherheit in teilweise bedrohlicher Lebenslage zu gewährleisten, und 4. den Support für die immer stark mitbetroffenen Angehörigen sicherzustellen, damit man nicht das Gefühl hat, die Angehörigen
völlig zu überlasten bzw. nur noch zu Belastung zu werden.

Ausgehend von diesen Zielen, die alle mit der WHO-Definition der
Palliative Care fest verbunden sind, entstand SENS:

S   Symptom–Management: Beste Möglichkeiten der Symptombe-
handlung und Empowerment zur Selbsthilfe in der Symptombehand-
lung. Es geht um die Frage: Was kann der Patient selber tun, damit es
ihm trotz starker Einschränkungen möglichst gut geht? Anleitung in der
Selbstapplikation von Medikamenten gehört ebenso dazu wie die Nut-
zung komplementärer Massnahmen oder schlicht «Hausmitteln», die
schon immer gut gewirkt haben beispielsweise bei Schmerzen oder Angst.

E   Entscheidungsfindung: Definition der eigenen Ziele und Prioritäten, schrittweise, selbstgesteuerte Entscheidungsfindung und präventive
Planung für mögliche Komplikationen. Es geht darum, mit dem Patienten darüber zu sprechen, womit er seine wahrscheinlich limitierte Lebenszeit verbringen möchte, die eigene Agenda zusammenzustellen, obwohl,
oder gerade weil die Krankheit ihm nur noch wenig Spielraum lässt.

N   Netzwerk: Aufbau eines Betreuungsnetzes unter Zusammenfüh-
rung von ambulanten (Betreuung zuhause) und stationären Strukturen.
Es geht um «Was-mache-ich-wenn-Fragen»: Was mache ich, wenn ich
weniger Kraft habe? Kann ich dann noch in meiner Wohnung bleiben?
Brauche ich Unterstützung von der Spitex? Was mache ich in einem
Notfall? Es handelt sich um ganz praktische Dinge, die im Voraus ge-
plant werden können.

S   Support: Aufbau von Unterstützungssystemen für die Angehörigen, auch über den Tod hinaus; Unterstützungsmöglichkeit auch für die
beteiligten Fachpersonen. Häufig erlebt der Kranke mehr Stress in Bezug
auf die Überlastung und den Energiemangel bei seinen Nächsten, als in
Bezug auf seinen eigenen Zustand. Wie die Angehörigen möglichst viel
Energie erhalten oder zumindest immer wieder aufbauen können, auch
und gerade wegen der kommenden Phase der Trennung und der Trauer,
ist hier Gegenstand der gemeinsamen Planung.

3.2   Spirituelle Dimensionen – ein Begleitungsmodell der Seelsorge

Einer Sichtweise, die von der Leidenswahrnehmung des Patienten ausgeht, kann sich die Seelsorge gut anschliessen. «Whether patients are expressing a need to make sense of tragedy, find hope for the future, ascribe purpose and worth to living, trust religious beliefs, or relate to self and others with love, they are telling us about their inner spiritual needs. These needs are often deeply painful.»[14] Die Charakterisierung der Bedürfnisse als spirituell bezeichnet eine ganz bestimmte Ebene der Bedürfnisse von Menschen in Krisen oder im Sterben. Der amerikanische Seelsorge-Forscher Clinebell schlug bereits 1966 vor, von vier fundamentalen spirituellen Bedürfnissen auszugehen:

> «the need for a meaningful philosophy of life and a challenging object of self-investment, the need for a sense of the numinous and transcendent, the need for a deep experience of trustful relatedness to God, other poeple, and nature; and the need to fulfill the ‹image of god› within oneself by developing one's truest humanity through creativity, awareness, and inward freedom».[15]

Der Schweizer Spiritualitäts- und Resilienzforscher Stephan Vanistendael fasst das spirituelle Grundbedürfnis in einer sehr offenen und für die klinische Arbeit hilfreichen Zuspitzung in einem Satz zusammen: «The positive connection between the individual person and broader life.»[16]

Die Seelsorge an der Palliativstation des Inselspitals arbeitet mit einem theologischen Dimensionen-Modell[17], welches zum Ziel hat, die Wahrnehmung für spirituelle Bedürfnisse bei PatientInnen zu schärfen. Im Modell wird davon ausgegangen, dass in der Begleitung drei Dimensionen im Blick sein sollten, damit der Patient seine spirituellen Bedürfnisse ausdrücken und sich selber darin besser verstehen kann. Es gehört zum Selbstverständnis einer spirituellen Begleitung, dass die Erfüllung dieser Bedürfnisse nicht in der Hand des Seelsorgenden liegt, sondern von einem Geschehen abhängt, für das sich Seelsorgende und Patienten gleichermassen öffnen, das sie aber nicht selber herstellen können.

---

14   Johnston Taylor, What do I say?, 1.
15   Howard J. Clinebell, Jr., Basic Types of Pastoral Counseling, Nashville 1966, 251.
16   Stefan Vanistendael, Spirituality in Palliative Care, Vortrag Launde Abbey, Leicestershire (UK), 13.09.2007(ungedrucktes Manuskript).
17   Inspiriert zu diesem Modell wurden wir von der Seelsorge, Seelsorgezentrum Grosshadern in München.

Die drei Dimensionen orientieren sich an zentralen spirituellen Rollen bzw. spirituellen Dimensionen der jüdisch-christlich-muslimischen Tradition, sie sind aber zugleich offen, um auch Menschen mit anderen Lebensphilosophien einen Raum zu ermöglichen, ihre persönlichen spirituellen Bedürfnisse wahrzunehmen und zu äussern.

1) Die erste Dimension ist die der «Zeugenschaft»: In ihr geht es darum, ohne Vorbehalt und Erwartung die gegenwärtige Situation wahrzunehmen, wie die Patientin sie erlebt, das Leben anzusehen, das da ist. Mit der Wahrnehmung sind keine Erwartungen verbunden, nichts braucht sich zu ändern, alles, was sich zeigt, ist willkommen. Grundlegend für die Begleitung im Kontext dieser Dimension ist eine Haltung der Wertschätzung, der nicht urteilenden, absichtslosen Präsenz. Auf allen Ebenen der Wahrnehmung – kognitiv, körperlich und seelisch – wird die Patientin eingeladen, zu verstehen, zu spüren, sich dem zu öffnen, was sich zeigen kann und will. In der Begleitung entsteht eine doppelte Zeugenschaft: die Patientin wie auch der Begleiter sind ZeugInnen für das, was sich in diesem Moment ereignet. Die doppelte Zeugenschaft unterstützt die Patientin darin, mit der Gegenwart verbunden zu sein (sich also weniger mit Vergangenem oder Zukünftigem zu beschäftigen) und die verschiedenen Facetten des Ichs und seiner Verbindungen in diesem Moment zu anerkennen.

2) Die zweite, «priesterliche Dimension» geht davon aus, dass unser menschliches «Ich» in einer grösseren Wirklichkeit eingebettet ist. Diese grössere Wirklichkeit wird von den Menschen in den unterschiedlichsten Bezügen erlebt. PatientInnen erzählen von nahen Menschen, von Bienen und Vögeln, von Bäumen und Landschaften, von Ideen und Geschichten, von Engeln und von Gott. Die priesterliche Dimension zielt darauf ab, in der Begleitung diese Bezüge anzuerkennen und zu verstehen, was sie fördern könnte und manchmal auch, wie sich solche Bezüge wieder verändern oder erweitern können. Es geht darum, in der Begegnung, in der Gegenwart sich diesen Bezügen zu öffnen, sich stärken zu lassen. Vielleicht entsteht daraus ein neuer Blick, eine Herausforderung oder eine Entlastung. In diesem Kontext ist auch die folgende Bestimmung von Spiritualität angesiedelt: «Unter Spiritualität verstehen wir die lebendige Beziehung eines Menschen zu dem, was sein Leben trägt, inspiriert und nährt. Wir halten Ausschau nach dem Lebendigen und Fliessenden in allen Begegnungen; nach der Kraft, die in der jüdisch-christlichen Tradition mit Atem, Hauch, Seele umschrieben wird (*ruach*,

pneuma). Spiritualität ist vergleichbar mit der lebendigen Bewegung von Ein- und Ausatmen.»[18]

3) Aus dem urteilsfreien, offenen und genauen Wahrnehmen dessen, was ist und aus der Verbundenheit mit der grösseren Wirklichkeit, die uns umgibt und inspiriert, entsteht oft ein neuer Blick, aus dem heraus sich neue, frische Schritte ergeben können. Bei der dritten, «prophetischen Dimension» geht es darum, dem, was entsteht, was sich zeigt, Raum zu verschaffen. Es geht darum, die inneren Prozessen, die sich entfalten, anzuerkennen und ihnen zu folgen. Es mag dabei darum gehen, bisherige Verhaltensweisen infrage zu stellen, Beziehungen zu überprüfen oder Lebenseinstellungen zu revidieren. Es mag darum gehen, den beruflichen Weg zu überprüfen, ethische Maximen zu hinterfragen oder die eigene Wertelandschaft umzupflügen. Es ist eine frühlingshaft anmutende Dimension, in der das Neue manchmal kräftig, oft noch zaghaft zu wachsen beginnt. Im kreativen, geschützten und wertschätzenden Raum der Begleitung kann das Neue ausprobiert, überprüft und gefestigt werden.

Die drei Dimensionen sind im ersten und zweiten Testament der Bibel grundlegend. Exemplarisch sei auf eine der Schlüsselgeschichten der Bibel verwiesen, die Begegnung von Moses mit dem brennenden Dornbusch[19], in der die drei Dimensionen in ihrer gegenseitigen Verwobenheit und Dynamik dargestellt werden. Die Geschichte ist voller Anspielungen auf die Dimension der Wahrnehmung und Zeugenschaft: Moses sieht den brennenden Dornbusch und will ihn sich näher ansehen. Gott spricht aus dem Busch heraus und teilt ihm mit, dass er gesehen hat, wie «mein Volk in Ägypten unterdrückt wird». In diesem aktuellen und erzählten Sehen wird die Dimension der Zeugenschaft dargestellt, welche die Nachkommen von Moses später dazu eingeladen hat, die je eigene Situation und das damit verbundene Leiden auch immer wieder genau anzusehen. In der Logik der Dornbuschgeschichte wird dieses tiefe Sehen ermöglicht durch eine Kraft, die sich zu sehen gibt (ein Engel erscheint Moses aus dem Dornbusch). Es wird klar, dass ein besonderes Wahrnehmen in Gang kommt, ein Wahrnehmen, das das Besondere zu sehen vermag (Moses geht näher zum Dornbusch, um sich eine seltsame Er-

---

[18]   Seelsorge Inselspital, www.insel.ch/de/patienten-besucher/spitalaufenthalt/seelsorge/
spiritualitaet (Zugriff am 23.08.2013).
[19]   Exodus 3, 2–8.

scheinung anzusehen). Worin besteht die Besonderheit dieses Sehens? Es ist ein Sehen, das in die Tiefe führt, zu einer Kraft, welche in der Situation, in der wir stecken, noch etwas zu entdecken vermag, das über sie hinausführt. Auf diese Entdeckung fokussiert die priesterliche Dimension. In der Dornbuschgeschichte teilt Gott seinen Namen mit. «Ich bin der ich bin». Dies ist kein Name, der sich von Moses wie ein Schlüssel verwenden lässt, um das Leben zu verstehen, eher ist es der Hinweis auf ein Geschehen, von dem er sich inspirieren und verwandeln lassen kann. Moses ist eingeladen, sich dieser Dimension anzuvertrauen, als einer Macht, die sich immer neu in Situationen des Leidens finden lässt und die hinausführt, so wie Gott damals die unterdrückten Ägypter aus Israel hinausführte. Dies führt zur prophetischen Dimension: Die Dynamik der Befreiung funktioniert nicht ohne die Menschen, die sich ihr anvertrauen und sie in und mit ihrem Leben umsetzen. So wie Moses damals einen Auftrag erhielt, sein Volk zu führen, so führt der Prozess der Wahrnehmung, der Zeugenschaft sowie der Verbindung zu der befreienden Kraft dazu, den eigenen Auftrag, die eigenen Aufgaben zu erkennen, um das eigene Leben als Teil dieses grossen und kreativen Befreiungsprozesses zu entfalten.

4. Zusammenarbeit in der Praxis

In diesem Abschnitt sollen die bisherigen Ausführungen anhand der Schilderung einer Begleitung konkretisiert werden. Es handelt sich um die Begleitung von Frau Huber, die mehrere Male auf der Palliativstation des Inselspitals hospitalisiert war, und auch zwischen den Hospitalisationen von uns betreut wurde. Mit ihrer ausdrücklichen Erlaubnis stellen wir ihre Situation und dabei insbesondere Aspekte der Begleitung durch die Palliativmedizin und Seelsorge vor.

4.1   Einige Informationen zur medizinischen Situation

Frau Huber litt an einer vererbbaren, blasenbildenden Hauterkrankung, die letztlich zu einer kompletten Zerstörung nicht nur der Haut, sondern auch der darunter liegenden Gelenken und Knochen führte mit teilweise grotesker Verstümmelung. Besonders gefährlich sind Infektionen und massive Hautblutungen, die zum Tod führen können. Ebenfalls häufig damit verbunden ist das Auftreten eines bösartigen Hautkrebses, an dessen Metastasierung die Betroffenen häufig sterben. Die Lebenserwartung ist deutlich vermindert, selten erreichen oder überschreiten Betroffene das Alter von 40 Jahren.

4.2. Die palliativmedizinische Begleitung im Kontext des SENS-Modells

Die Symptome waren teilweise horribel: Nervenschmerzen in der rechten Hand, die durch den bösartigen Hautkrebs völlig entstellt war, waren nur durch hohe Dosen von stärksten Schmerzmitteln zu bändigen. Häufig gelang dies nur, wenn gleichzeitig auch die massive Anspannung und Angst mit Schlafmitteln zumindest kurzfristig durchbrochen wurde. Die Präsenz von ihr gut bekannten Menschen war dabei aber mindestens so wichtig wie die medikamentöse Therapie. Blutungen aus dem völlig zerstörten Gewebe eben dieser Hand führten zu lebensbedrohlichen Situationen. Auch hierfür musste ein Vorgehen mit einer Mischung aus pflegerischen, notfallmedizinischen und stressreduzierenden Massnahmen gefunden werden – ein echter Notfallplan gegen die massive Sterbensangst, die trotz aller aktiven intellektuellen und emotionalen Bearbeitung dieser Dauerbedrohung immer wieder die eigenen Bewältigungsstrategien lähmte.

Entscheidungsfindung: «Gottverdammich», war ein häufiger Ausdruck ihres Zorns über die eigene Hilflosigkeit. Das Angewiesensein auf Helfer war hierbei ebenso eine Niederlage wie die Akzeptanz, dass sie doch nicht alles im Griff hatte – trotz soviel Vorbereitung. Die Angst vor Bevormundung wechselte rasch mit dem Bedürfnis nach absoluter Nähe und Unterstützung durch Familie und Freunde. Die Entscheidung schwankte bzw. wankte zwischen absoluter Selbstbestimmung und absoluter Hingabe. Ein anspruchsvolles Unterfangen für ein Team, welches die Förderung der Autonomie trotz aller Vulnerabilität so in den Vordergrund schiebt.

Ein Netzwerk aufzubauen in dieser so instabilen Situation zwischen massiven Blutungen mit lebensbedrohlicher Notfallsituation und einer Art Pseudonormalität mit Interesse an kulturellen Events und politischer Auseinandersetzung, war schwierig. Die dienstplanbedingte Inkonstanz der fachlichen Betreuer, die starke Forderung bis Überforderung der Angehörigen und das drohende Damoklesschwert der Blutung und der Schmerzen mit 24-Stunden-Betreuungsbedarf führten immer wieder zum Schluss bei ihr: es gibt keinen Platz für mich in der Herberge. Ausgestossen aus dem Normalleben – am Lebensende. Eine unglaubliche Konstruktion aus Pflegeheimpersonal (inklusive der Leitung!), privater Spitex, Hausarzt und Vertreter, palliativem Mobildienst, Hintergrundsdienst und Palliativ-, Notfall- und dermatologischer Station am Inselspital bildeten letztendlich ein Netz, das hielt – auch wenn man immer wieder dachte, dass es reisst.

Support: alle Betreuenden brauchten in Anbetracht der «Gewalt» dieser Erkrankung Phasen der Auffrischung und Erholung. Am wenigsten galt dies für die Schwestern, teilweise auch für die besten Freundinnen, die monatelang solidarisch mittrugen – was zeitweise einer der Hauptstressoren für Frau Huber war.

4.3. Die seelsorgliche Begleitung im Kontext der spirituellen Dimensionen

4.3.1 Dimension der Zeugenschaft

In unseren Begegnungen spielte ihre kranke, rechte Hand eine zentrale Rolle. Sie war in einem dicken Verband eingepackt und wurde nur sichtbar, wenn der Verband anlässlich der (täglichen) Pflege weggenommen wurde. Die Pflege allein ihrer Hand nahm jeweils rund eine Stunde in Anspruch und sie war für Frau Huber mit grossen Schmerzen und Ängsten verbunden. Während der Pflege ihrer Hand musste sie sich «aus der Hand» geben, sie konnte selber nicht mitwirken und sie erlebte diese Verrichtungen als schwer zu ertragende Einbusse ihrer Kontrollmöglichkeiten. Darum war es für sie zentral wichtig, ob sie der jeweils zuständigen Pflegeperson vertrauen konnte. Ihre verkrüppelte Hand anzusehen, war für sie äusserst schmerzhaft. Deshalb wurde oft ein Vorhang zwischen ihren Kopf und die Hand installiert, damit sie die Hand nicht ansehen konnte oder musste. Viele unserer Gespräche kreisten um ihre Hand und ich hatte den Eindruck, dass es ihr wichtig war, dass die Hand, die sie nicht ansehen konnte, in unseren Gesprächen «sichtbar» wurde, präsent war und Raum einnahm.

Dabei war der Kontrollverlust während der pflegerischen Vorrichtungen wie die Spitze ihres Erlebens. Sie erlebte die Verbindung zu den Menschen, die ihr beistanden, immer wieder ambivalent: Sie konnte sich selbst ganz aufgehoben und getragen fühlen und konnte sich wie eine Gefangene erleben, die das Gefühl für ihre eigene Freiheit verlor. Dieses

Hin und Her bewusst wahrzunehmen und zu erkunden und beide Seiten der Ambivalenz anzuerkennen, löste ihre Anspannung und führte sie zugleich in die Welt ihrer Kindheit, in der viele der ambivalenten Emotionen ihre Wurzeln zu haben schienen. In der Wahrnehmung, im Erzählen fand sie neue Worte, konnte sie weinen, und für sich gerade darin (weil sie sich von der Identifizierung löste) zugleich ein Stück Freiraum gewinnen.

Verstehen und Präsenz - Dimension der Zeugenschaft: Immer wieder ging es darum, ihr körperliches und seelisches Erleben, wie auch ihre eigenen Erklärungsmodelle genau zu verstehen und mit ihr zusammen Worte zu finden, wie sie sich noch genauer versehen konnte. Immer wenn wir ein passendes Wort oder Bild fanden, entspannte sie sich. Zugleich war es dabei grundlegend, ganz präsent zu sein. Diese Präsenz, diese ungeteilte Aufmerksamkeit suchte sie in der Pflege ihrer Hand wie auch in unseren Gesprächen oder in der Stille.

4.3.2 Priesterliche Dimension

Es kam oft vor, dass sie in ihrer rechten Hand starke Schmerzen spürte und es ihr nicht möglich war, sich der Hand direkt zuzuwenden. Wir mussten andere Wege der Verbindung zu ihrem Körper finden. Sie schlug manchmal vor, dass ich ihre Füsse hielt. Ich legte meine flachen Hände unter ihre Füsse und diese Berührung beruhigte sie und auch ihren Schmerz. Manchmal schlief sie ein. Manchmal tauchten innere Bilder auf, die wir weiter verfolgen konnten.

Einmal erzählte sie dabei von einem Traum, der wie ein Triptychon aus drei Teilen bestand, die einen inneren Zusammenhang zu haben schienen: Im ersten Teil des Traums ist in einem Raum, sie wird verfolgt, versteckt sich, etwas bedroht sie, will sie niedermetzeln, tut dies, Blut spritzt, sie hat grosse Angst (keinen Schmerz). Im zweiten Teil schaut sie zu einer Frau, die im Auto ist; sie kennt sie, die Frau sagt ihr, es kommt schon gut. Im dritten Teil sitzt sie selbst am Steuer eines Autos, sie fährt schnell, sieht nichts, dabei trägt sie eine Sonnenbrille. Neben ihr sitzt eine Freundin, die sie grosse Seele nennt, sonst sehr alleine ist, die schwanger ist. Sie fährt auf einen Tunnel zu und weiss, dass sei das Fahrzeug nicht steuern kann. Im Traum scheinen sich die Dimension der Zeugenschaft (der erste Teil) mit der priesterlichen Dimension (die eigene Stimme im zweiten Teil, die Fahrt ins Helle) zu verbinden. Es war wichtig, die priesterliche Dimension im Traum aufzuspüren und anzuerkennen, weil es ihr Selbstbild der gewaltigen, alleinbeherrschenden Angst (im ersten Teil des Traumes repräsentiert) um eine befreiende Dimension erweiterte. Scheinbar (so deuteten wir den letzten Teil ihres Traumes) verstand sie im Traum ihr Sterben wie eine Geburt, ein Prozess, der sich der Kontrolle entzieht, unaufhaltsam ist und aus dem Dunkel ins Licht führt.

Manchmal waren ihre Schmerzen so stark, dass wir kein Gespräch führen konnten. Sie stöhnte dann leise vor sich hin und aus dem Stöhnen entstand ein Summen oder Töne. Manchmal setzte ich mit ein. Aus dem Summen entstanden ganz einfache Melodien. Wie ich von ihr wusste, sangen ihre buddhistischen Freunde für sie und es war manchmal so, als würden wir zusammen singen. Dann stockte der Gesang und wir waren still. Oft waren wir lange Zeit still und wir erlaubten uns, ohne etwas zu tun, ohne Erwartungen, einfach da zu sein. Einmal begann sie im Schmerz zu murmeln: «Herrgotthilf». Das waren alte Gebete aus ihrer Kindheit, Worte ihrer katholisch geprägten Mutter, die sie geglaubt hatte vergessen zu haben und an deren Kraft sie nicht mehr geglaubt hatte. Plötzlich tauchten sie wieder auf und wurden wichtig. Wie ein Mantra waren wir bei diesen Worten «Herrgotthilf» und alles andere schien bedeutungslos zu sein.

Atem und Klang - Dimensionen der priesterlichen Dimension: Immer wieder machte sie, machten wir uns auf, Wege zu suchen, um ihre persönliche «connection between the individual person and broader life» zu finden. Sie sagte, dass sie die Weite suche und es wurde zugleich deutlich, dass sie eine tiefe Sehnsucht nach Heimat hatte. Sie fand Heimat bei ihren Freunden und zugleich war diese Heimat immer wieder bedroht (durch die Abschiede, durch Überforderungen, durch Missverständnisse). So suchte sie eine Heimat auch in sich selbst, die tiefer, stärker war als ihre Angst, ein Gefühl, willkommen und getragen zu sein. Das Singen, die Stille, die uralten Worte aus ihrer Kindheit schienen wie Türen zu sein, um sich selbst, die eigenen Vorstellungen, den Modus der Kontrolle, die tiefen Ängste für Momente loslassen zu können.

4.3.3 Prophetische Dimension
Oft waren existenzielle Fragen, insbesondere Fragen nach ihrer Zukunft für sie im Kopf kaum zu lösen und führten sie in Aporien und in ein Gefühl von Ohnmacht. Ich lud sie einmal dazu ein, zu einer dieser Fragen ihre Hand zu konsultieren. Sie solle doch einfach die Hand erzählen

lassen. Es stellte sich heraus, dass ihre Hand sehr einfache und klare Worte fand und sie sich aus ihrer kognitiven Verspannung hinauslösen konnte. Je länger unsere Begleitung dauerte, umso mehr bezogen wir die «Weisheit» ihrer Hand bei. Wenn wir uns im Gespräch irgendwie verloren oder in Spannungen gerieten, reagierte ihre Hand oft mit Schmerzen. Sie meldete das und wir veränderten manchmal das Setting, manchmal das Gesprächsthema, wir versuchten zu verstehen, wo die Anspannung entstanden war und bewegten uns so in einem Dialog mit den Signalen der Hand, die uns leitete und «weckte». Wichtig waren diese Signale beispielsweise, wenn sie für sich (immer wieder) klärte, welche Art von Unterstützung ihr gut tat. Sollten es Mitglieder der Familie sein oder gerade nicht? Wie war das Verhältnis von Zeiten für sich und Zeiten mit anderen? Gerade weil sie so angewiesen war auf andere Menschen, war es zentral, sich immer wieder zu befragen, wie sie sich mit anderen und mit sich selbst fühlte und was sie brauchte. Ihre Hand führte sie dazu, den Menschen, die sie liebte, mitzuteilen, dass sie Zeiten für sich selbst brauchte. Das fiel ihr zunächst schwer, weil sie sich dabei undankbar vorkam und die Angst in sich spürte, die Menschen so letztlich zu verlieren. Die Angst vor dem Alleingelassenwerden war ein starker Motor, der sie manchmal hinderte, das Alleinsein, das sie brauchte, für sich in Anspruch zu nehmen. Zugleich wusste sie, dass sie die Heimat, die sie suchte, nicht nur bei anderen Menschen finden konnte, sondern auch bei sich selbst. Unsere Gespräche kreisten immer wieder um diese beiden Pole – der Gemeinschaft mit dem Schatten der Abhängigkeit und dem Alleinsein mit dem Schatten der Einsamkeit.

Den eigenen Weg gehen - Dimension der prophetischen Dimension: Die prophetische Dimension bedeutete bei Frau Huber ganz wesentlich, dass sie auf die Stimme ihrer Hand hörte und sich von ihr leiten liess, dass sie für sich einstand – sich selbst und anderen gegenüber. Ich denke, auch darum war es für sie immer ganz klar (auch wenn es andere medizinische Empfehlungen gab), dass sie ihre Hand niemals amputieren lassen wollte. Prophetische Dimension bedeutete auch, sich aus den Gedanken in die Stille führen zu lassen und dort neue Impulse zu empfangen oder einfach nur da zu sein. Aus der Stille, aus der Entspannung heraus konnte sie manchmal ganz genau spüren, was sie jetzt brauchte.

4.4   Die Felder der Zusammenarbeit

Frau Huber war einverstanden damit, dass wir uns interprofessionell austauschten. Dieses Einverständnis ist für die seelsorgliche, interprofessionelle Zusammenarbeit im Kontext des Seelsorgegeheimnisses grundlegend.

In der obigen Darstellung haben wir einige Felder der Zusammenarbeit bereits angesprochen, sie werden im Folgenden kurz zusammengefasst:

4.4.1 Umgang mit der Angst

Ängste entstanden aus dem Wunsch, ihre Zukunft kontrollieren zu wollen und Sicherheit zu schaffen und dies nur beschränkt zu können. Sie war angewiesen auf andere Menschen und immer wieder ging es um die Frage, wie Helfersysteme eingerichtet werden konnten, die ausdauernd und verlässlich waren und denen sie vertraute und bei denen sie sich dennoch frei fühlte, Räume für sich selbst einzufordern. Es ging auch darum, einen Ort, eine Institution zu finden, in der sie mit ihren komplexen pflegerischen Ansprüchen willkommen war und in der sie sich wohl fühlte. Zugleich ging es aber auch immer darum, einen «inneren» Ort der Sicherheit zu finden, wo sie sich um sich selbst kümmern konnte und wo sie sich entspannen konnte. Sie wurde auf dieser Suche konfrontiert mit biografisch tief verwurzelten Ängsten vor Heimatlosigkeit und der Angst vor dem Sterben. In der medizinischen wie seelsorglichen Begleitung ging es immer wieder darum, zwischen «äusseren» und «inneren» Bedürfnissen hin und her zu pendeln.

4.4.2 Umgang mit Schmerzen

Wenn die Angst zunahm, hatte dies meist direkte Auswirkungen auf ihr Schmerzempfinden. In der Begleitung ging es darum, herauszufinden, ob es ein bestimmtes Thema gab, das die Schmerzen verursachte und welche medizinischen oder spirituellen Interventionen entlastend wirkten. Manchmal liessen sich die Schmerzen mit einfachen meditativen Übungen, mit Körperberührungen oder entspannender Musik besänftigen oder sie konnte mit ihnen sein und manchmal sogar wichtige Impulse empfangen. Oft waren sie so stark, dass sie medikamentöse Unterstützung bis hin zur Beeinflussung des Bewusstseins durch Schlafmittel brauchte. Die Schmerzen waren wichtige Signale, um uns neben den körperlichen Prozessen ihrem inneren Erleben zuzuwenden.

4.4.3 Begleitung der Angehörigen

Für die Betreuenden war Frau Huber oft eine anspruchsvolle Patientin. Sie hatte ganz genaue Vorstellungen von dem, was sie brauchte. So dankbar sie sich gegenüber Personen äussern konnte, denen sie vertraute, so unwirsch konnte sie gegenüber denen reagieren, die sich anders verhielten, als sie es sich vorstellte oder als sie es zu brauchen meinte. Diese manchmal fordernde Haltung legte sie auch ihren Angehörigen gegenüber an den Tag. Viele Menschen, Professionelle wie auch Angehörige engagierten sich intensiv dafür, ihr ein sicheres Umfeld zu ermöglichen. In der Zusammenarbeit ging es darum, sich über die eigene emotionale Befindlichkeit auszutauschen und so einen inneren Freiraum gegenüber ihren Ansprüchen zu bewahren. Das professionelle wie auch familiäre Umfeld sollte darin unterstützt werden, auch zu sich zu schauen und sich zu erlauben, sich abzugrenzen, wenn die eigenen physischen und psychischen Kräfte dies erforderlich machten.

4.4.4 Das Surfen auf der Welle des Lebens

Neben der Wahrnehmung ihrer verletzlichen Seiten, die sich beispielsweise in Ängsten oder Schmerzen äusserten, ging es in der Begleitung gleichermassen um das Wahrnehmen ihrer Kraft, ihrer Offenheit, ihrer Kreativität, ihres Scharfsinnst und ihres Humors. Sie hatte sich trotz ihrer Krankheit, trotz teilweise massiven Einschränkungen einen eigenen Weg durchs Leben gebahnt, hatte sehr selbständig gelebt und ihre Visionen und Träume immer wieder umgesetzt. In der Zeit ihres Aufenthaltes auf der Palliativstation sollte die Premiere eines dokumentarischen Films über den Tod stattfinden, in dem sie interviewt worden war. Sie lud alle ihre Freunde ein, bei der Premiere teilzunehmen und entwickelte grosse Kräfte, um selber im Kino anwesend sein zu können. Dabei gelang es ihr auf wundersame Weise, ihre äussere Erscheinung von einer extrem krankheitsgezeichneten in eine «heile» zu verwandeln. Es war wie eine temporäre Entpuppung aus dem Würgegriff der Erkrankung. Der Film war eine Plattform gewesen, um eine Botschaft aus ihrem Leben mitteilen zu können und sie hatte die Gelegenheit der Premiere genutzt, um Anerkennung und Nähe der für sie wichtigen Menschen zu spüren.

5. Zusammenarbeit: einige praktische Schlussfolgerungen

Aus dem bisher Gesagten ist deutlich geworden, dass die Palliativmedizin und Seelsorge (natürlich mit vielen anderen Disziplinen!) eng zusammenarbeiten müssen, um den PatientInnen sowie den Angehörigen bestmöglich zu dienen.

a) Eine enge Zusammenarbeit erlaubt es, verschiedene Sichtweisen zusammenzubringen. Medizinische Phänomene haben eine seelische Seite oder Auswirkung und seelische Phänomene haben oft einen körperlichen Ausdruck. Gemeinsam lässt sich tiefer verstehen, woran ein Patient leidet und es lässt sich gezielt nach Stärken beim Patienten suchen, nach individuellen Ressourcen, die heilsam sind und Stress und Angst reduzieren helfen. Die Frage, was heilsam ist und Kraft gibt ist die andre Seite der problemorientierten Vorgehensweise. Resilience combines realism with hope.[20] Manchmal geht es darum, Stressoren zu vermindern, manchmal darum die Widerstandskraft der Seele zu unterstützen.

b) Andererseits hilft die Zusammenarbeit auch Aufgaben zu delegieren, so dass nicht verschiedene Personen dasselbe tun und die Patientin damit belasten. Dazu dient insbesondere das SENS-Modell. Es «eröffnet [...] klare Wege zu einem kompetenzorientierten interprofessionellen Teamwork, wo nicht immer alle Register gezogen werden müssen, sondern je nach Priorität und Instabilität. Es geht ja auch besonders darum, nicht nur mit unseren (personellen) Ressourcen sinnvoll und effizient umzugehen, sondern auch die schwerkranken Menschen und ihre Angehörigen vor einem Zuviel an engagierten Fachpersonen zu schützen. SENS kann und sollte dabei helfen.»[21]

c) Die klare Absprache und Delegation der Aufgaben hat zum Ziel, den Patienten nur soviel an Unterstützung anzubieten wie nötig und nicht wie möglich ist. Damit sollen die Freiräume der Patienten geschützt werden. Das Spital ist ein Ort, wo sich die professionellen Abläufe so bestimmend auswirken können, dass längere Zeiten ohne irgendwelche Interventionen, Zeiten der Stille oft fehlen. Gerade in den letzten Zeiten des Lebens sind diese stille Zeiten, Zeiten mit sich selbst,

---

[20]   Vgl. Friedrich Lösel/Thomas Bliesener, Aggression und Delinquenz unter Jugendlichen. Untersuchungen von kognitiven und sozialen Bedingungen. Neuwied 2003.

[21]   Steffen Eychmüller, SENS macht Sinn – Der Weg zu einer neuen Assessment-Struktur in der Palliative Care, Therapeutische Rundschau 69, 2012/2, 87–90, 89.

mit Freunden aber natürlich zentral und es gilt von der professionellen Seiten mitzuhelfen, diesen Raum – auch vor fürsorgerischem Engagement – zu schützen. Aber auch im professionellen Tun selbst, sei dies medizinisch oder seelsorglich, kann die Stille integraler Teil der Haltung sein, die sich in der Fähigkeit zu Schweigen zeigt, in einer tiefen Präsenz, in bewussten und dadurch tendenziell langsamen Handlungen.

d) Die PatientInnen merken rasch, ob die Betreuenden gut zusammenarbeiten, ob sie es mit einem resilienten, energetisch positivem Team zu tun haben. Sie nehmen wahr, ob wichtige Informationen im betreuenden Feld präsent sind und sie grundlegende Anliegen nicht immer wieder einbringen müssen. Das erfordert von den Betreuenden, Anliegen der jeweils anderen Professionen zu hören und mit der Patientin zusammen zu entscheiden, welche Unterstützung sie braucht. Diverse Untersuchungen haben gezeigt, dass PatientInnen auch spirituelle Anliegen gerne mit dem sie behandelnden Arzt besprechen möchten. Dies hat damit zu tun, dass sich bereits ein Vertrauensverhältnis gebildet hat, das es der Patientin ermöglicht, sich dem Arzt auch in anderen als medizinischen Fragen anzuvertrauen. Ein Arzt wird dieses Anliegen vielleicht selber aufnehmen und wenn das Thema sich ausweitet, den Seelsorgenden als möglichen Gesprächspartner ins Gespräch zu bringen. Je besser er den Seelsorgenden kennt, seine Haltung und Arbeitsweise versteht, desto einfacher wird es ihm fallen, den Seelsorgenden zu empfehlen. Die Empfehlung wird dann durch das Vertrauensverhältnis getragen. Andererseits wird der Seelsorger die therapeutischen Massnahmen des Arztes mittragen und er wird den Arzt wieder als Gesprächspartner beiziehen, wenn er vermutet, dass eine therapeutische Massnahme vom Patienten nicht verstanden wird oder Unklarheiten oder Irritationen entstehen. Eine solche enge Zusammenarbeit wird nur funktionieren, wenn die Professionellen sich mit viel Wertschätzung und Vorschussvertrauen begegnen und ansehen können. Dieses Vertrauen wird sich auf die Begleitung des Patienten auswirken.

e) Das Vertrauen zwischen den Professionen wird gestärkt durch Rückmeldungen von PatientInnen, durch die Art und Weise des Umgangs miteinander, durch professionelle Einsichten und Inspirationen, die man sich gegenseitig vermitteln kann, durch eine gemeinsam geteilte Vision der palliativen Begleitung – und im Berührtwerden von den Menschen und ihren Entwicklungen, ihrem Lachen, ihrem Suchen, ihrem Dasein. Dies alles macht deutlich, dass die Zusammenarbeit Zeit braucht, dass sie genährt werden und sich entfalten kann. Es braucht standardisierte, regelmässige Gefässe und es braucht die Offenheit und Beweglichkeit, sich «zwischen Tür und Angel» immer wieder zu begegnen, sich in die professionellen Karten schauen zu lassen, sich persönlich zu begegnen. Es braucht eine Kultur der Wertschätzung und der Freude, an einer erfüllenden Arbeit gemeinsam teilhaben zu können und gemeinsam etwas zu schaffen, was Menschen in ihrem letzten Lebensabschnitt dient.

6. Haltungen und Perspektiven der Zusammenarbeit

Im letzten Abschnitt stellen wir einige Aspekte einer Haltung dar, die uns verbindet und die uns für die Kultur einer guten Zusammenarbeit grundlegend erscheint. Wir enden mit einigen Perspektiven, die Teil unserer gemeinsamen Vision darstellen.

a) Eine grundlegende Haltung besteht im Anerkennen der Verwundbarkeit, die uns sogleich und in jedem Moment auf absolut gleiche Augenhöhe bringt, sofern wir diese Wahrnehmung wirklich bei uns haben, auf gleiche Augenhöhe mit anderen Berufsgruppen, auf dieselbe Augenhöhe mit den Patienten und Sterbenden: «At the heart of a really profound and intimate relation that supports us in life or even in the process of dying we often find *vulnerability* rather than performance. Two people go beyond mutual admiration, they recognize each other's vulnerability, they respect it, and they both know of this situation. In case of suffering, they stay with each other, because the value of the suffering person transcends the suffering as such. All this can be implied in the simple holding of hands.»[22] Dabei bezieht sich die Verwundbarkeit nicht nur auf die Begleitung der sterbenden Patienten selbst, sondern auch auf sein ganzes Umfeld, das sich selbst ja auch verletzlich an der Grenze des Lebens erfährt.

b) Das radikale Anerkennen der menschlichen Verwundbarkeit «democratices the encounter», wie die Amerikaner sagen und zugleich verwandelt es unseren Blick auf die Menschen. «Wenn wir einen Menschen nicht anschauen und die Schönheit in ihm sehen, können wir gar nichts für ihn tun. Man hilft einem Menschen nicht dadurch, dass man entdeckt, was bei ihm falsch, hässlich und verzerrt ist. [...] Jeder einzelne von uns ist ein Abbild Gottes, aber jeder gleicht einem beschädigten

---

[22] Vanistandael, Spirituality.

Bild. Wenn wir eine Ikone erhielten, die durch Abnutzung, durch menschlichen Hass oder andere Umstände beschädigt wurde, würden wir sie mit Ehrfurcht, Zärtlichkeit und Trauer betrachten. Wir würden unsere Aufmerksamkeit nicht in erster Linie der Tatsache zuwenden, dass sie beschädigt ist, sondern der Tragödie ihrer Beschädigung. Wir würden uns darauf konzentrieren, was von der Schönheit übrig ist und nicht auf das, was von der Schönheit verloren ging. Und das ist es, was wir bezüglich jedes Menschen erst noch lernen müssen ...»[23] «Bei mir bist du schön» – diese Songzeile hat in den dreissiger Jahren des letzten Jahrhunderts Karriere gemacht und sie verweist darauf, dass Schönheit in der Begegnung, in der Beziehung entstehen kann. Sie entsteht dann, wenn Begleitende ganz präsent sind und zugleich offen für das Geheimnis des Menschen, den sie begleiten. Diese Schönheit wiederum ist keinesfalls nur eine individuelle Kategorie, sie umfasst die Angehörigen und auch die Betreuenden. Bei allen lässt sich diese Schönheit entdecken und sie lässt sich auch in den Interaktionen finden und im gemeinsamen Fragen, Suchen und Finden.

c) Verwundbarkeit und Schönheit sind nicht gerade die geläufigen Kategorien, die im Spital Geltung besitzen. Verwundbarkeit und Schönheit sind Dimensionen, welche auch den Begriff der Heilung hin zu einer Konzeption öffnen, die sich nicht auf physische Gesundheit beschränkt (wobei auch diese Konzeption alles andere als eindeutig ist). Dadurch wird, sei es in der Palliativmedizin, der Seelsorge oder den anderen Disziplinen im Spital der relationale Aspekt der Betreuung hervorgehoben. Palliativmedizin und Seelsorge können zusammen dazu beitragen, dass diese Dimensionen von Gesundheit und Menschsein im Spital mehr Gewicht erhalten und sie tragen damit dazu bei, dass das bisherige Care-Paradigma[24] weiter entwickelt werden kann oder dass andere Aspekte im Spital miteinbezogen werden.

—

[23]   Stefan Vanistendael, Einige «Bausteine» für eine Kinderschutzpolitik in Europa, in: Wolfang Edelstein et al. (Hg.), Familie und Kindheit im Wandel, Berlin 1996, 309–315, 309.

[24]   Einen spannenden Ansatz im Blick auf das Spital haben die Autorinnen der «ethics of care» vorgelegt, welche die hohe moralische Bedeutung der fundamentalen Dimensionen der Beziehung und Abhängigkeit für die Betreuung (care) hervorheben. Sie gehen davon aus, dass sich das Wohlbefinden von Betreuenden (care-givers) und Betreuten (care-receivers) in einem Netzwerk von sozialen Beziehungen erhalten und fördern lässt. Vgl. dazu die Arbeiten insbesondere von Carol Gilligan und Nel Nod-

e) Schliesslich soll der Blick noch weiter gehen, über das Spital hinaus, auf die Gesellschaft: Eine Vision der Palliativmedizin wie der Seelsorge besteht darin, dass die Sorge um die sterbenden Menschen, die Wahrnehmung der letzten Zeit mit ihren besonderen Herausforderungen und Geschenken gesellschaftlich viel mehr Beachtung findet als dies heute der Fall ist. Das Lebensende vorzubereiten ist eine Aufgabe von allen und sie lässt sich nicht an medizinische Fachpersonen delegieren. Palliative Care braucht viel mehr als Fachpersonen, sie braucht die Bereitschaft von allen, sich mit ihrer eigenen Verwundbarkeit und Endlichkeit auseinanderzusetzen. Nur so können im sozialen Leben, abseits der institutionellen Versorgungen, Räume entstehen, die sich laut Umfragen die meisten Menschen wünschen: Zuhause die letzte Lebenszeit verbringen zu können, an einem sicheren Ort, abseits des medizinischen «Lärms», getragen von menschlicher Wärme durch Beziehung und Präsenz. Unser Traum wäre, dass die Vorbereitung auf das Lebensende selbstverständlich wird, sie in die Medizin und in die Gesellschaft integriert wird, einfach «normal» wird. Das würde auch das Gesundheitssystem entlasten, weil die meisten Menschen dann sich selbst befähigt fühlen und nicht mehr erwarten, dass die Medizin alles möglich macht.

---

dings. Annette Baier, Virginia Held, Eva Feder Kittay, Sara Ruddick und Joan Tronto, einige der einflussreichsten AutorInnen für die «ethics of care».

Die Autorinnen und Autoren

Belok, Manfred, Prof. Dr. theol., Dipl. Päd., ist Professor für Pastoraltheologie und Homiletik an der Theologischen Hochschule Chur (THC), Prorektor der THC und Mitglied der operativen Leitung des Pastoralinstituts der THC sowie stellv. Vorsitzender der Konferenz der deutschsprachigen Pastoraltheologinnen/Pastoraltheologen und Mitglied der Pastoralplanungskommission der Schweizer Bischofskonferenz (SBK).

Borasio, Gian Domenico, Prof. Dr. med., ist Direktor des Service de Soins Palliatifs am Centre Hospitalier Universitaire Vaudois (CHUV) und Inhaber des Lehrstuhls für Palliativmedizin an der Universität Lausanne. Als Inhaber des Lehrstuhls für Palliativmedizin an der Universität München hat er dort 2010 die erste europäische Professur für Spiritual Care eingerichtet.

Eychmüller, Steffen, Dr. med., ist leitender Arzt des Palliativzentrums des Universitätsspitals Bern und Co-Vizepräsident von palliative ch.

Kohli Reichenbach, Claudia, Dr. theol., ist Lehrbeauftragte der Abteilung Seelsorge, Religionspsychologie und Religionspädagogik an der Theologischen Fakultät der Universität Bern und Mitglied der Programmleitung der Aus- und Weiterbildung in Seelsorge (AWS). 2008 hat sie in Boston/Cambridge, MA (USA) einen Advanced Master mit Schwerpunkt «spirituality» erlangt. Zurzeit arbeitet sie an einer Habilitation im Bereich religiöser Erwachsenenbildung.

Mathwig, Frank, Prof. Dr. theol., ist Beauftragter für Theologie und Ethik beim Schweizerischen Evangelischen Kirchenbund und Titularprofessor für Ethik an der Theologischen Fakultät der Universität Bern.

Mösli, Pascal, Pfarrer und Supervisor MAS, ist seit 25 Jahren als selbständiger Berater, Dozent und Projektleiter für Organisationen vornehmlich in den Bereichen Soziales, Gesundheit und Kirche, seit sieben Jahren zudem als Co-Leiter der Seelsorge am Inselspital in Bern tätig. Publikationen in den Bereichen Gesundheit und Spiritualität.

Noth, Isabelle, Prof. Dr. theol., ist Professorin für Seelsorge, Religionspsychologie und Religionspädagogik an der Theologischen Fakultät der Universität Bern und Präsidentin der Programmleitung der Aus- und Weiterbildung in Seelsorge (AWS).

Siegmann-Würth, Lea, Dr. med., MTh, ist Theologin und Spitalseelsorgerin am Kantonsspital St. Gallen. Im Vorstand der Vereinigung katholischer Spital- und Krankenseelsorgerinnen und -seelsorger der Deutschschweiz ist sie für das Ressort Forschung zuständig. Sie arbeitet beim Nationalen Forschungsprogramm NFP 67 Lebensende im Projekt Monod zum Sterbewunsch bei Bewohnern von Alters- und Pflegeheimen mit. Als Fachärztin FMH Allgemeine Medizin spez. Geriatrie war sie in verschiedenen Kliniken und Spitälern tätig.